U0084556

對猶太人而言，
笑是生存的武器，
也是生存的力量！

林郁　主編

前言——笑可以產生勇氣！

猶太人之所以永不絕望，並非只堅信「聖經」教導他們的正義世界，而是持有所謂笑的餘裕以及柔軟性所使然。笑乃是一種不至於自閉的甲冑。「笑話」有如竹子一般，給予猶太人柔軟性，即使快到折斷的邊緣，仍然具有反彈的力量。

當伽利略提倡「地動說」時，羅馬教廷仍認為地球是被牢牢釘死的，只有上天在移動。正因如此，對羅馬教廷來說，伽利略的「地動說」乃是一則「邪惡性」的笑話。

我們就來瞧瞧所謂的藝術吧！在極權主義國家的眼裡，一般所稱的前衛繪畫就等於邪惡的笑話。俄國的赫魯雪夫批評前衛繪畫為「使用騾子尾巴描繪的東西」。

總之，不管是天主教教會的教義，或是一本正經的社會主義理想，只要是強制人民接受某一方面的看法，自由跟另外一種東西——笑話就會消失。到了那種地步，笑話絕對不可能在公式化的世界中生存。

猶太人本來就是最尊重笑話的民族。猶太人的「聖經」就如此的形容笑話——

那時，我們的嘴兒充滿了笑意。

我們的舌頭也充滿了歡喜的聲音。

——詩篇一二六——

嘻笑也就歡喜。「聖經」強調著家庭必須充滿歡笑。

縱觀歷史，沒有一個民族受到比猶太人更為嚴酷的迫害。不僅房子被燒毀，財產被沒收，屢次連生命都遭受到剝奪。雖然如此，猶太人還是活了過來。一直到一九四八年再度建立國家為止，猶太人一直沒有自己的國土。

不過，自從法國革命以後，猶太人從賤民部落獲得解放後，他們就紛紛在藝術、科學以及人類活動的所有層面，擁有很高的社會地位。他們不僅勤奮的學習，毫不懈怠的努力，同時又崇尚自由思考的方式。

當年猶太人受到迫害，過著黑暗日子時，他們仍然以笑鼓舞勇氣。就是在二次大戰期間被納粹關在集中營時，他們也不曾忘懷過「笑」。

「笑」產生自心靈的餘裕，只要心靈方面有這種餘裕，不管碰到任何苦難都不會感到挫折。「笑」能夠予人勇氣，而勇氣能夠產生笑。有句俗語說：「哭與笑都會流出眼淚。不過因為笑而流出眼淚時，眼睛絕對不至於變紅。」

笑能夠克服悲傷，笑能夠給人一種優越感，「笑」也是人類尊嚴的守護者。對猶太人而言，幽默更是生存的武器，也是生存的力量。

目 錄
CONTENTS

序　篇
笑話的效用

■ 所謂的「笑話」也者，乃是綻開於人生微妙處的花朵。正因如此，上乘的笑話能夠打動人們的心坎，使頭腦倍感清新。笑話的魅力在於其意外性。當您開懷一笑時，您的衝刺力將更上一層樓。當您感到思路閉塞時，不妨再從笑話式的構想重新出發。如此一來，您的創造力將會為您打開一條坦途。

充滿了智慧的笑話

只要閱讀過這篇文章，您就絕對不會再吃虧了，因為，猶太人絕對不會做吃虧的事！

猶太人向以「笑話民族」而著稱。不過，我們不能以笑話的民族作為猶太人的定義，那樣的話，就完全搞錯了。一個民族就跟一個人一樣，擁有種種不同的層面。對於今日的猶太民族，我們也可以稱之為戰鬥民族。因為他們是世界上最為優秀的戰士。

基於某方面來說，我們可以稱呼阿比西尼亞人為「阿貝貝的民族」（譯註／阿貝貝也者，乃是阿比西尼亞的馬拉松選手。在奧林匹克運動會屢次獲勝），稱呼韓國人為「泡菜的民族」，叫美國人為「牛仔的民族」，管日本人叫「盆景的民族」。

如此這般，我們所以稱猶太人為笑話的民族，無非是指猶太人擁有其他民族所缺乏的特徵，也就是說，世界上沒有一個民族比猶太人更懂得笑話的重要性。

前後將近五千年，每個猶太人都閱讀「聖經」——因為基督教徒在後來加入「新約聖經」，以致基督教世界稱猶太人的「聖經」為「舊約聖經」——是故，世人都稱猶太人為書本的民族。一直到最近為止，世界上文盲仍佔絕大部分，然而，猶太民族每一個人都能夠閱讀。猶太民族的教育水準之高，跟他們為智慧的民族具有密切的關聯。這並非誇口之語，而是眾人皆知的事實。

對猶太人來說，說笑話之舉，乃是表示高尚又具有智慧的一件事情。不信的話，您不妨瞧瞧動物。萬物之靈的人類跟動物最大的差別，在於人類懂得笑。由說笑話與否可以窺知人們教養的

差別。最明顯的例子為——狗跟電腦都不會笑。

睿智的產物——笑話

猶太人一旦聚在一起，總會彼此交換笑話。對猶太人來說，笑話乃是一種智慧交換的方法。希伯來語的笑話——「赫夫馬」，即意味著「智慧」以及「睿智」。

換句話說，睿智與笑話具有相同的意義。

人類最偉大的學者愛因斯坦以及佛洛伊德都是猶太人。同時，他倆也是很傑出的喜劇演員。他倆與別人相處時，往往會讓客人們捧腹大笑。對猶太人來說，學者也兼具喜劇演員的身分，一點也不顯得矛盾。

能夠說出笑話，又能夠理解笑話的人，乃是智慧很高的人。莎士比亞不就說過：一則笑話的成功與否，乃在於聽者的耳朵，而不在於說者的舌頭。同時，猶太人也認為笑話很富於教育的作用。因為能說出一則笑話的人，非具備很高深的機智以及廣泛的創造力不可；而且腦筋也必須轉得很快才行。善於說笑話的人，不能像拖車的馬兒一般，只看固定的一個方向，而必須具備一種從各方向看事物的能力。

這也可以說是一種思維的方法。如愛因斯坦的相對論，打破了既成的概念，又如研究性心理學的佛洛伊德，也在人們面前創造了迥然不同的世界。這些都是「赫夫馬」帶來的。因為他倆從新的觀點，看到了人們不曾想到的事情。

能夠培養靈感的笑話

一板一眼的學習方式不能使人產生創造力，只有富於智慧的訓練方能夠增強創造力。最好不要嚴密的限定自己的立場，不妨偶爾跳出自己的立場主觀，從不同的角度觀望。唯有如此，方能想到嶄新的解決方式。

不過話又說回來啦！為了理解智慧性的笑話，非得累積知識不可。但是，單是死板地蒐集記憶知識，仍產生不了自由奔放的思想。

笑話也可以訓練頭腦，使它變得靈光。這跟時常運動的人，身體能夠變得柔軟的道理一樣。

例如，在街道行走時，冷不防有車子從某方向闖了出來。反過來說，當您在街道上開車時，也許有人會從您料想不到的地方闖出來。或者，當您開車拐彎時，很可能有人會突然跑出來。諸如這般叫人想像不到的事情，時常會在人生過程或者工作方面碰到。逢到這種情況，只要時常運動，使肌肉柔軟，以及鍛鍊好反射神經的話，就能夠迅速應付，很少會發生危險的事情。

靈感也就是才智的煥發，上乘的笑話總是充滿了靈感以及煥發的才智。

沒有創造力的努力毫無用處。一絲不苟的認真態度將為世界製造「太正經」的戰爭，這種戰爭將變成封閉自己的鐵箱子。太過正經的話，將得不到自由奔放的精神。而笑話卻能夠給人這種精神。不能引人發笑的智慧，不能稱為真正的智慧，因為它會把人們封入小小的箱子裡面，叫人殘廢。

能夠豐盈心靈的笑話

笑話也是一種豐盈。過度正經的人不是走在狹窄的道路上，就是走在筆直而寬度只有十公分的小路上。至於懂得笑話的人，則像是自由自在的在寬廣的原野上活動。這也就是所謂的豐盈了。愛上笑話，尊重笑話，就能夠給心靈方面帶來餘裕。這種心靈的餘裕不僅能夠給我們靈感，更能夠給我們力量。

在悠久的歷史中，被逼迫過著流浪生活，分散到異鄉居住的猶太人並沒有像其他民族一般，手裡持著刀劍。持著劍征服猶太人的大帝國，雖然曾經一度很興盛，如今卻只留下一些冰冷的遺蹟供人憑弔而已。

了解猶太人歷史的人都知道，猶太人首先被帶到埃及，長時期的被當成奴隸。但是如今，埃及只留下一些金字塔，波斯也只留下波斯貓而已。西元七三年，羅馬帝國消滅了以色列，一直到二十世紀以色列重新建國為止，猶太人離散於世界各國。羅馬帝國只在羅馬市內殘留了可羅修姆劇場以及羅馬式浴場罷了。猶太人反而沒有被消滅，始終在世界各處活躍。

換言之，猶太人的刀劍就是智慧。恰有如兩個猶太人碰在一起必定會交換笑話一般，對他們來說，所謂笑話，乃是磨利智慧之劍的刀石。

物理大師愛因斯坦一生中討厭學校是很著名的。他老兄常常忍受不了學校過度正經八百的教育。他說：

「我最憧憬的學校，就是所謂的笑話。我所以說不要盲從世人所信仰的規則，無非是不想受到規則的束縛，以致再也無法產

生推翻那種規則的新東西。」

「笑」是一種解放

猶太人有一個叫「普利姆」的大節日。

這是用來紀念聖經時代，猶太人受到波斯帝國迫害的日子。「普利姆」這個節日剛好在另外一個大節日「逾越節」的前幾天，是故總是在冬天結束春天來臨時慶祝。因為是在春天慶祝，所以倍感快樂和熱鬧。

到了「普利姆」那一天，猶太人必定會在學校或猶太教會演出喜劇，或舉行化裝舞會，演出默劇等等。兒童在學校可以開教師的玩笑，大人們也會彼此惡作劇。

逢到「普利姆」以及「逾越節」時，猶太人都會吃一種名叫「赫姆」的餅食。所謂「赫姆」，乃是當時波斯宰相的名字，猶太人就以吃掉以及嘲笑的方式來表示獲得最後的勝利。

人們在嘲笑對方時，總是站在跟對方相對的立場。待真正笑出來時，就會產生一種優越感。因為「笑」是一種解放。

「笑」能扮演丑角

「笑」也能夠把人們變成小丑，這也就是笑的重要機能。二十一世紀的管理社會，由於科學技術的高度發達，人們都喪失了很重要的東西。以今日的世界來說，「小丑」能夠存活之處幾乎要消失殆盡了。

但是，猶太人認為小丑對人類社會的貢獻遠遠地超過了電腦以及原子能。因為小丑拒絕被管理之故。自人類懂得組織社會以後，不知不覺地變成了效用性以及管理的奴隸。然而，「小丑」卻一向與管理、效用性背道而馳，待人們從效用性的世界溜出來時，它就會給人們自由。

每天給自己一段空白的時間，即使每天只有一小時，甚至十分鐘也行。您都可以藉此一段時間嘻笑、哭叫等等，使您在平常生活裡忘掉的東西暫時甦醒過來。

笑話的世界，能夠把人們引導至多采多姿的世界。因為笑話是小丑的世界，也是人類淨化自己的世界。

需要基本知識的笑話世界

那麼，我們就來敘述理解笑話的必要條件吧！為了理解笑話起見，非具備歷史、國際情勢、各國文化等豐富基本知識不可。

正因如此，欲理解猶太人的笑話，就非得具備有關猶太人歷史、文化，以及生活方面的知識不可，甚至還得熟悉圍繞猶太人的世界。尤其是必須理解他們一直受到歐洲人的迫害，其中尤以俄國人以及波蘭人迫害他們最甚。

猶太人對什麼東西都敢笑。他們不僅笑敵人，甚至笑自己，笑他們自己的神。

以下，我要介紹一則簡單的笑話——

希特勒在政治及作戰方面都依賴占星師的判斷。

有一天，希特勒問占星師：

「我會在何時死亡呢？」

「總統，您將在猶太人的節日死亡。」

占星師如此回答。聽了這句話以後，希特勒按了巨大桌子上面的電鈴。一個穿軍官服裝的祕書跑了進來，「砰」地合攏他的一雙腳，舉起右手叫了一聲：

「希特勒萬歲！」

「你立刻把猶太人的節日表拿來！」希特勒大叫一聲。

護衛隊的軍官踢著正步走出去，很快的就帶來表格。

「總統閣下，這就是猶太人的節日表。」

希特勒戴起眼鏡，看了一下之後，吐了一口氣：「還好，猶太人的節日很少。」

「在這些日子，增加一百名護衛吧！」

說完，希特勒可就放心了。

「總統！」占星師警告說：「您絕對不能掉以輕心。不管您哪一天亡故，那一天都會變成猶太人的節日。」

縱觀歷史，對猶太人迫害最強烈者莫過於基督教教會。正因如此，揶揄基督教徒的笑話也特別多。以下所舉出者，乃是最典型的例子——

摩修聽說兒子阿布拉哈姆要接受基督教的洗禮，感到非常的不痛快，以致整整節食了一個星期向神祈禱。

一週後，他又進入猶太教會求神幫助他。那時，因為肚子過度饑餓，他感到頭暈眼花。雖然如此，他仍然掙扎著向神祈求。就在這個節骨眼裡，他的眼前出現了閃亮的光芒，在那莊嚴的光芒中出現了一位神。

摩修的兩眼開始發光，神終於在他跟前出現啦！

「全能的神啊，我唯一的兒子阿布拉哈姆想接受基督教的洗禮，祢就幫我解決這個問題吧！」

隨後，摩修聽到了一陣莊嚴的聲音：

「我的兒子也一樣啊！」

為了理解這個笑話起見，非知道基督教是從猶太教產生的不可。基督教的基礎就是猶太教，也可以說是歷史尚淺的新興宗教。大家也知道，基督就是猶太人。換句話說，基督乃是成為基督教徒的第一個猶太人。

猶太人的笑話，雖然以猶太人為主角者佔大多數，但是也有一些沒有猶太人登場的笑話。

布里茲涅夫跟毛澤東在中蘇國境散步。

他倆一直爭論不休。毛澤東走在中國國界上面，布里茲涅夫則走在蘇聯境內。當他倆仍然在爭論偉大的馬克斯主義以及無產階級的定義時，蘇聯國境那邊出現了一隻羊。

布里茲涅夫停下腳步，對羊兒說話：

「羊同志啊，你這個月的乳產量達到預定生產量了嗎？」

看了這種情形，毛澤東如此說：

「你真不可救藥，竟然跟豬仔談話。」

「咩……咩……」羊兒叫了起來。

布里茲涅夫滿面勝利的光彩，對毛澤東說：

「你笨透啦！連羊兒跟豬仔都分不出來了？」

「哪兒話，我現在就在跟羊兒交談啊！」

為了理解這則笑話，必須知道當年中共與蘇聯反目，雙方變成了不共戴天的仇敵，以及北京方面為了防範「中蘇」戰爭可能帶來的災害，正在大舉挖防空洞的時代背景。

世界的共同語言「哈！哈！哈！」

不管說些什麼笑話，猶太人在說笑話時，總是會誇大其詞的比手又畫腳，好像是真實事件一般的說出來。

「昨天我瞧到了一件奇妙的事情。」、「發生了什麼事？」他們就以這種方式開頭。逢到這時，必須以親身撞見的臨場感說出來才行。換句話說，演技是非常重要的，只有如此，才能夠引起對方的注意。

只要調查各民族的語言就不難得知，表示哭泣的聲音幾乎都不同。以英語來說，表示哭泣的聲音並非「嗚……嗚……」而是「Sob，Sob」。以狗吠聲來說英語為「baw」，牛叫的聲音為「M……」，雞叫的聲音為「Ko Ka Su Su」，腳步聲是「Klomp，Klomp」，滴水聲並非「滴滴答答」，而是「Tap Tap」。

但是據我所知，有一件事情是共通的，那就是笑聲。關於這一點，不管是英語、日語、德語、中國話、俄語都是「哈！哈！哈！」正因如此，笑乃是世界唯一的共通語。

笑實在是一件最值得叫人關懷的事情。我勸大家不妨一面哈哈笑，一面利用砥石研磨睿智的刀劍。

最後，我要送一句著名的猶太諺語給讀者們。

那就是——**「最後獲勝者，乃是笑得出來的人。」**

第一篇
神的世界

■ 猶太人的世界跟神扯不開。然而，猶太人的神並非高高在上難以接近的，猶太人將神融入在他們的生活中。正因如此，神祇時常在他們的笑話中出現。猶太人之所以如此做，並非在揶揄神祇，而是藉著神在笑話裡出現，教人更正確的理解神的本質。

猶太宣教師的智慧

一個留下許多錢財的吝嗇猶太老人即將離開人世。

臨終前，他在床上痛苦的對兒子說：

「你快叫宣教師來……叫宣教師來呀……」

彌留的老人聽到宣教師已經出發時，他又打起精神問兒子：

「宣教師為我祈禱以後，我確定能夠上天堂嗎？」

「那當然！爸爸，只要宣教師為您祈禱之後，您就一定能夠上天堂。」

「嗯……可是，一定要給宣教師不少錢囉？」

說著，老人露出更為痛苦的表情。

「爸爸，為了上天堂，非得給他一萬美元不可。」兒子說。

「但是，如此做的話，真的能夠上天堂嗎？」老人痛苦萬分的喘著氣說。

「爸爸，我相信您一定能夠上天堂。」

老人又對兒子說：

「你也把天主教的神父叫來為我祈禱吧！只要再送給天主教神父一萬美元，逢到猶太教沒有天堂時，我就可以到天主教的天堂去了。」

兒子想到自己最愛的老爸就要「魂歸離恨天」啦！於是快馬加鞭，到天主教的神父家裡，請他來為老爸祈禱。

「爸爸，天主教的神父不久以後也會來我們家。」

「那就好。但是……假如猶太教跟天主教都不管用了呢？」

「依我看，最好也把新教的牧師叫來吧！如此一來，必須花

三萬美元喲！」

「好吧！那麼，你也把新教的牧師請來吧！到時，你別忘了給他一萬美元。就請他們三個人合力為我祈禱吧！如此的話，我就萬無一失，絕對可以上天堂啦！」

（編按・猶太人亦稱基督教為新教。）

於是，猶太教的宣教師、天主教的神父、基督教的牧師前後進入了病房，開始舉行接力式的漫長禱告。

聽到了三人的禱告聲之後，老人的面孔泛著安詳的笑容，正在考慮著進入哪一個天堂較好之際，老人突然驚醒過來。

因為，他想起了自己該把財產送給兒子的事情。

「宣教師、神父、牧師……」

老人用盡最後的力氣說：

「除了送給每人一萬美元以外，我把財產全部留給了兒子。不過，上天堂以後可能需用金錢。所以嘛……請各位從我贈送的一萬美元裡面各拿出兩千美元，放入我的棺木裡面。」

當然啦！由於宣教師、神父、牧師每人都可獲得一萬美元，因此，對於在老人死後在棺木裡放入兩千美元的建議，並沒有人表示異議。

於是，在三個人「您必定會上天堂」的聲浪裡，老人終於含笑而逝了。

到了舉行葬禮的那一天，天主教神父最先走到老人的棺木旁，把兩千美元放進棺木裡面。接下來，基督教的牧師也走到了棺木旁邊，從一萬美元裡抽出兩千美元，也把它放入棺木裡。

最後，輪到了猶太教的宣教師。

只見宣教師從口袋裡取出支票簿，開了一張六千美元的支票放進去，再從棺木中取回四千美元的現金。

如果牛兒會飛翔的話

兩個男人一邊交談，一邊在春天裡的小徑走著。

那是一個風和日麗的禮拜天，山野充滿了翠綠色，小鳥兒在枝頭歌唱，牧場的牛兒低頭吃草。

「啊！咱們的創世主實在有夠偉大，只要瞧一瞧動物，就不難能領略到神的偉大。你想想看，那頭公牛剛開始時只是一頭小牛犢呢！在空中飛翔的鳥兒當初也只是一個蛋。」

「我也認為神很偉大。可是有一件事情我永遠不明白。」摩修說：「例如以鳥兒跟牛兒來說吧！鳥兒吃得很少，竟然有一雙能夠飛翔的翅膀。其實，小鳥兒食量很小，到周圍稍微尋覓一下就可以填飽肚子。至於牛兒呢？食量實在太大啦！如果牠長翅膀能夠飛翔的話，不是更容易找到食物嗎？我實在不明瞭神的旨意……」

摩修如此說的瞬間，一隻小鳥兒飛過，牠拉的一泡屎正好命中摩修的額頭。

「哇！哇！俺懂了！」摩修嚷叫了起來：「神果然好偉大！要是俺被一大坨牛尿擊中的話，可能會窒息或腦震盪也說不定哩！」

犯過所有的罪行

有一個男子去找宣教師，吐露自己的罪行。他的吐露持續了

一段很長的時間。原來這個傢伙犯了「聖經」所記載的所有罪行——竊盜、通姦、強姦、殺人、詐欺、怠惰……

「我犯過了所有的罪行。相信全世界再也沒有一個像我這樣的壞蛋，每每想起了這些罪惡，真叫人痛不欲生呀！」

該男子在吐露罪行以後，臉上雖然浮現後悔之色，但是在聲調裡仍免不了有那麼一點兒得意。

「哪兒話，還是美中不足。」猶太教的宣教師說。

「什麼？美中不足？」該男子顯露出了不服氣的神情。

「就是嘛！因為閣下還沒有被車子撞死或跑去自殺呀！」

失眠的原因

宣教師考恩早晨在街頭散步時，看到阿布拉迎面走過來。

「您早，阿布拉先生！」宣教師打了一個招呼。

想不到，對方兩眼發直，好像不曾看到他。於是他又大聲喊了一次：

「阿布拉先生，您還好吧？」

這麼一來，阿布拉方才清醒過來，向宣教師回了個禮：

「昨兒個聽了您的宣教後，整夜都睡不著，一直睜著眼兒到天亮呢……」

聽了這句話，宣教師非常的感動。於是，他笑容可掬的對阿布拉說：

「真是作夢也料想不到，我所說的話兒會打動您的心坎！但是，失眠實在很可憐。做為一個人，還是不要想得太多……」

經宣教師如此一說，阿布拉有點不好意思的回答：

「牧師，每逢您宣教時，我都會睡著。所以嘛……一到了夜晚反而睡不著啦！」

臨終懺悔

阿布拉跟所羅門共同經營一家纖維公司。

有一天，阿布拉罹患了急病，躺在床上奄奄一息。他在臨終前對所羅門說：

「我必須向你懺悔。我倆雖然共同經營一家公司，可是我卻出賣了你！當你想到推出迷你裙的點子時，我偷偷把祕密告知了競爭的對手，使他們早一個星期推出迷你裙。」

「好啦！你就忘了那件事情吧！我不會在意的。」

「還有，你跟女祕書蘇茜到飯店幽會時，不是被你的老婆逮個正著嗎？那是我向你的老婆通風報信的……」

「還有一次，你的保險箱不是被打開了嗎？失去了很多現款對不對？你認為經理知道保險箱的密碼，一定是他偷了錢，以致把他給辭掉了……其實，那件事也是我幹的……」

「算啦！我不會跟你計較的！我什麼都原諒你。」

「還有你在東京買回來的珍珠，在公司讓人們大開眼界之後就遺失了。其實，它是我偷走的。我把它送給酒店的麗麗。」

「甭提啦！反正你所做的事情我都可以原諒你。」

「還有……」阿布拉喘著氣說：「還有好幾十件事……我必須向你坦白……」

「你甭提啦！我什麼也不跟你計較啦！倒是有一件事，我也必須求鄭重你諒解呢……」

第一篇

「別提了，我對你做了那麼多壞事你都肯原諒我了，我當然也會原諒你這一件事情，絕對的！」阿布拉講得斬釘截鐵地。

「那我就坦白告訴你吧！給你下毒的人就是我！」

愚蠢的波蘭人

有一個猶太人從德國集中營裡逃了出來，進入了波蘭國境。

那時正值嚴冬，道路冰凍，天空又不斷的飄著雪。

他裝在背袋中帶出來的一點東西，就是他全部的財產了。他毫無目的往北走。

不久以後，黑暗的森林裡傳來了野獸低吼的聲音，接著一隻巨大的野狼出現在他眼前，露出了牙齒，準備撲向他。他為了保護自己，準備拔起插在地面的木樁，但是由於大地冰凍，木樁根本就拔不出來。

巨大的野狼一步一步的逼近。

他又伸手去拔木樁，一面嘀咕著說：

「這個國家的人好蠢，為什麼不綁狗，而綁這種木樁呢？」

捐款的分配

天主教的神父、新教的牧師，以及猶太教宣教師三個人在談論如何分配捐款。

因為一部分的捐款將被送到慈善機構，一部分將成為他們的生活費。

「我要在地面上畫一個圓圈，再把收到的所有金錢拋向天空。那些掉到圈外的錢將用於慈善事業，掉到圓圈以內者，將歸為我自己所擁有。」神父如此說。

「好吧！我也那樣做吧！」新教的牧師說：「不過，我要在地面上畫一條線，再把錢拋到天空，掉落在左側的錢將用於慈善事業方面，掉到右側者將變成我自己所擁有。反正啊！那就要看神的意思了。」

牧師如此說時，天主教的神父點了點頭。

「那麼，你要怎麼做呢？」兩個人同時問宣教師。

「我也跟你們一樣，把收到的錢向空中拋去。如此一來，慈善事業所必要的錢將由神收回去，而掉到地上的錢就全部歸我啦！」宣教師不慌不忙地說。

基督的威力

小摩修是一個令人頭大的小孩。

首先，他被送進猶太人的小學。一個星期後，小摩修的父母就被校長叫去。

校長如此的對他倆抱怨：

「你家的摩修叫人感到頭大。他進入這個學校以後，打破了好幾十塊玻璃，又把老鼠放入教職員休息室，使女老師尖叫了起來。他在老師坐的椅子上放圖釘，抓青蛙放入女同學的背部，今兒個早晨我走到校長室時，地板上塗滿了蠟，叫我跌了一大跤……」

停了一下，校長指著自己頭上的繃帶，又繼續說：

「我們也不只一次的處罰他。叫他站在教室外面，罰他跑運動場幾圈，叫他寫一百遍『對不起』，但是一點用處也沒有。正因為我們考慮到他會影響到其他的學生，所以嘛……只好請你們辦理轉學囉……」

於是，小摩修被轉到附近的小學。

但是在一個月以後，他的父母又被校長叫去，請他倆辦理轉學。這次只好轉入私立小學。但他仍然因為過於喜歡惡作劇，又遭到退學的命運。

小摩修的成績壞透啦！他的父母為此非常的操心。

「我說阿布拉呀！」

小摩修的母親對他老公說：

「這一帶只剩下天主教的小學啦！我們是否……」

「什麼？天主教的小學？咱們猶太人怎能叫孩子進入天主教的小學呢？」

妻子十分生氣地回答：

「不然的話，咱們還能怎麼辦？除了剩下天主教小學，再也沒有學校能讓摩修讀了。」

於是在萬不得已之下，這對夫婦只好把小摩修送入了天主教小學。

一個月後，校長也叫摩修的父母到學校。

他倆進入校長室以後，穿著神父制服的校長滿面笑容的說：

「歡迎你倆夫婦光臨！摩修太叫我們感動了！從來就沒有小孩像他那樣彬彬有禮，那樣肯用功。在全校的學生當中，以貴公子的成績最好，為人也最端正，像摩修這種孩子再也找不到了。他是我們學校最大的榮譽，使我們對猶太人的想法完全改變啦！」

夫婦倆滿腹狐疑地，帶著小摩修回家。

不過，這件事實在叫人難以相信。到底發生了什麼事情呢？

對於神父的讚揚猶太人，這對夫婦感到非常的受用，但是小摩修會用功一事，實在叫他倆難以相信。

回到家裡，夫婦倆迫不及待地問孩子，小摩修如此回答說：

「我一進入那個學校，就嚇得屁滾尿流啦！乖乖，那個男人被釘在十字架上面，渾身是血！我好害怕自己也會被釘了起來，所以嘛……再也不敢作怪啦！」

謙虛

從赫爾姆到其他城市的旅行者如此誇耀他故鄉的宣教師：

「咱們的宣教師信神之心非常虔誠，到了『逾越節』約兩星期前就會斷食。以一般的宣教師來說，通常只會斷食幾天，乖乖……兩週不吃東西，實在叫人不敢想像，還是我們宣教師的敬神之心最為虔誠。」

如此一來，該城市的一名男子如此反駁說：

「可我在三天前方才去赫爾姆。我就親眼瞧到你們的宣教師在餐館裡吃飯。」

「這……你就不懂啦！」旅行者憤然的說：「咱們的宣教師一向很謙虛。他不喜歡誇耀兩週不進食的事實，為此方才跑到大夥兒能看得到的地方進食呀！」

謎底

依據新約聖經的記載，地上一旦出現了樂園，人類、獅子、綿羊以及所有的動物就會很幸福快樂的生活在一起。

不過由於猶太人不承認基督為神，因此也一直認為所謂的「新約聖經」是假貨。

有一天，信基督教的夫婦來到了動物園，他倆往獸檻裡面一瞧，獅子跟綿羊竟然並排躺在一起睡覺。

「這一幅光景非常的感動人！」

「好感人的光景，只有在神的國度裡方可看到這種光景。」那對夫婦眼睛閃耀著光輝說。

這時，有個年老的猶太人飼養人員剛好經過那兒。

於是，那一對夫婦就問他：

「這種光景只能夠在新約聖經出現，為何這座動物園能夠做到這一點呢？」

年老的飼養人員如此的說：

「那太簡單啦！每天早晨只要多放入一隻羊就成了。」

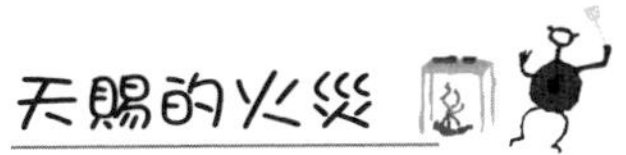

天賜的火災

在赫爾姆那座城市，有一夜發生了火災。

城裡的人們在宣教師的指導下，全力參加救火工作。無情火燒毀了約三十棟房子，好不容易才被撲滅。

當人們喘了一口氣，就地坐著休息時，宣教師如此的說：

「這一場火是上天所賜，咱們還算很幸運。」

聽了這句話，城裡的人們嚇了一跳：

「為什麼說這場火災是上天所賜呢？」

「如果沒有這一場火的話，咱們怎能在伸手不見五指的黑夜裡滅火呢？」

懲罰

星期五的早晨，宣教師到赫爾姆的市場買了一條鯉魚。鯉魚是猶太人最喜歡吃的東西之一。宣教師把魚兒放在外套裡面，朝著回家的道路走。想不到走到市中心時，鯉魚掙扎了起來，用牠的尾巴拍打了宣教師的面頰。

「在這座城市裡，數百年來沒有人敢對宣教師無禮，想不到鯉魚卻開了先例！」

宣教師在憤怒之餘，回到教會跟教區的長老們商量，結果判如此無禮的鯉魚——放入市外的河流，叫牠活活淹死！

樂捐壽命

在某一座城市裡，年高德劭，以賢明著稱的宣教師——所羅門，眼看著就要走完人生的旅程了。

教區的人們都集合於猶太教會，熱心的祈禱著：

「神哪！請延長宣教師的生命……請延長宣教師的生命……」

就在這時，教會的天花板上響起了莊嚴的聲音：

「我可以成全你們的一片熱心。不過，你們每個人都要折壽，自動捐一些壽命給宣教師。我再把那些壽命統計起來，再延長宣教師的壽命。」

神說完這些話就消失了，教會裡鴉雀無聲。

「我願捐出一個月的壽命！」街角的皮鞋匠耶可夫首先站起來嚷道。

「人家嘛……可以捐出兩星期的壽命。」耶可夫的老婆也站起來叫道。

「我要捐出一個月零三天！」西服店老闆喬西亞站起來說。

「我要捐出十天壽命！」食品店的大衛使出了吃奶的力氣吼道。因為大衛已經超過八十歲了。

「我捐出兩個星期的壽命。」

「我捐出兩個月。」

「我可以捐出二十五天。」

「俺想捐出四天的壽命。」

「我可以捐出一個月零七天的壽命。」

「我可以奉獻十二天的壽命給宣教師。」那是鐘錶店老闆娘德瑟的聲音。

「我要奉獻三十天。」

「咱要捐出三個星期……」

「俺捐二十年！」

乖乖！二十年！每一個人聽了都驚訝萬分！不約而同地望向發出聲音的地方。原來，一向以吝嗇聞名的摩修（擺香菸攤子的人）正站在那兒，叫大夥兒幾乎不敢相信自己的眼睛。

然而，摩修並沒有立刻坐下去。

「不過，那些壽命是由俺丈母娘提供的！」摩修大聲地說。

預料落空

赫爾姆城正下著傾盆大雨。

賽門撐著一把滿是破洞的雨傘站在街角，以致頭髮、肩膀、襯衫都濕透了。

不久之後，賓傑走過那兒。

「喂！賽門！你怎麼撐那種滿是破洞的雨傘呢？」

「我差不多快變成一隻落湯雞啦！」

「誰叫你撐那把滿是破洞的雨傘呢？」

「因為我預料今天不會下雨，所以才拿著這把傘出門呀！」

贖罪

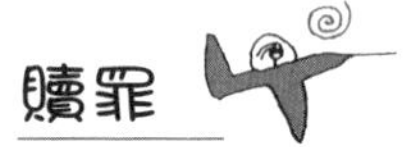

喬修走到宣教師那兒。

「宣教師啊！我犯了一項大罪。因為我受不了痛苦不堪的生活，所以偷了六支蠟燭。」

「什麼？你竟然偷了六支蠟燭？那是違反摩西十戒的大罪呀！為了表示悔過以及贖罪，你就捐獻六瓶上好的葡萄酒吧！只要我喝過那些葡萄酒，你的罪行就可以完全洗滌殆盡啦！」

「我說宣教師啊！那是強人所難的一件事情。我就是因為生活太艱苦，方才偷了六支蠟燭。在這種情況之下，我哪來購買高級葡萄酒的錢呢？」

「那是再簡單不過的事情，你可以再用取得蠟燭的方式，再去取得葡萄酒呀！」

基督是猶太人

天主教的神父跟猶太教的宣教師在交談。

「擔任一名宣教師最沒出息啦！因為宣教師無法升級。」天主教的神父說。

「你說這話是什麼意思？」宣教師問。

「你何必明知故問呢？宣教師窮其一生只是宣教師罷了，根本就不可能升級。天主教的教會就不同啦！神父的地位可以節節高升。首先，可成為教區長，接下來又可以升任地區主教，再下來嘛……是樞機主教……」

「那又能如何呢？」

「樞機主教上面有高級樞機主教。高級樞機主教上有大樞機主教。反正啊！地位將逐漸的上升。」

「上升又如何呢？」

「噢……我的天哪！」神父感嘆了一聲：「上面還有教皇啊！而且啊！天主教神父只要拼命做事，一旦運氣夠好，就有成為教皇的的可能性。」

「那麼，教皇上面又有什麼呢？」

「你笨透啦！教皇已經是最高的地位啦！教皇上面只有耶穌基督呀！」

「猶太人雖然不能成為教皇，可是卻能變成耶穌基督呀！」

戒律的不同

天主教的神父跟猶太教的宣教師不期而遇。

首先，天主教的神父說：

「到底到何時，你們猶太人才會放棄無聊的飲食戒律呢？你們不吃鮮美的蝦子，現在正是吃牡蠣的好季節，誰知你們連牡蠣也不吃……」說到此處，神父嚥了一口口水又說：「而且啊！你們連多脂肪的豬肉也不吃，實在是笨到家啦！依我看，你們最好放棄那些戒律吧！你們到底到何時才會吃蝦子、貝類以及豬肉呢？」

「這是很簡單的一件事情。等到你結婚那一天，我們就會吃給你瞧瞧！」

（編按・神父不能結婚。）

女兒？還是金錢？

有一個宣教師非常擅長於論理。

這個宣教師一直孜孜不倦的在教導他的弟子。

其中一個弟子如此的詢問：

「尊敬的導師啊！如果以五千盧布與五個女兒之間選擇一種的話，您會選擇哪一種呢？」

「那是最簡單不過的問題，我當然會選擇五個女兒。」

「關於這個……您是否沒有經過思考呢？」弟子反駁。

「哪兒話！」宣教師使勁的搖搖頭說：「這個問題嘛……非基於理論上思考不可。如果說，我手裡有五千盧布的話，基於金錢特有的性質，我會想獲得更多。可是，我既然是神忠實的宣教師，我當然不希望自己變得貪婪。但如果是有五個女兒的話，我再也不會想要女兒啦！當然就不至於變得貪婪。而且啊！就算我真的喜歡五千盧布，我也不可能得到啊！分明知道不能獲得，又夢想著得到，那不是白費力氣的一件事情嗎？」

「我懂啦！」弟子說。

「其實，我也有自己的理由，因為我現在就有八個女兒。」

無神論者

賓傑跟大衛是兄弟。賓傑為虔誠的猶太教教徒，而大衛卻是無神論者。

有一天，兄弟針對神是否存在的問題展開了辯論。

「你為什麼不信神呢？」

「因為我只信自己所懂的事情。」

「噢！我知道你成為無神論者的原因了。因為在這個世界上，沒有一件事情是你所知道的！」

電話與無線電

天主教的神父跟猶太教的宣教師，針對哪一個教派對人類的貢獻比較大而展開爭論。

首先，神父如此說：

「天主教帶來今日科學的進步。去年有人在羅馬的地下墳場發現了很長很長的繩子。」

「什麼？很長的繩子？」

「是啊！地下墳場有好長好長的繩子，乃是表示在距今兩千年以前，天主教徒就懂得使用電話。在拜爾發明電話很久以前，天主教徒就發明了電話啦！」

聽了這句話，宣教師有些畏縮，但是他仍如此的說：

「諒必你也聽到過，有人在死海附近發現了死海文書這件事吧？為了挖出死海文書，必須挖到地下十公尺的地方。就算天主教徒真的在兩千年前發明了電話，那也沒啥稀奇。猶太人能夠在五、六千年前的聖經時代就寫成了死海文書，這就證明猶太人的科學更為進步。」

「那麼，挖到地下十公尺的地方有沒有發現到繩子呢？」

「哪兒話，除了死海文書以外，什麼也沒有找到。」

「那就對啦！」神父很驕傲的說：「我也看過了死海文書。但是，它並沒有記載猶太人發明了什麼東西。」

聽了這句話，宣教師很不服氣地說：

「什麼也沒有記載，那正好證明猶太人發明了無線電哩！」

內容才是問題之所在

阿布拉經營養雞場，事業做得非常成功。

雞是猶太人最喜歡的食物。他們一提起母親就會想到雞湯，由此就不難想像，雞乃是猶太人不可或缺的食物。

以事實而言，阿布拉是非常的成功，不過他的品性並不好。雖然他總會在星期五的猶太教會假裝是很虔誠的猶太教徒。

有一天，宣教師叫住阿布拉說：

「我說阿布拉先生，最近有很多人說你不檢點，我實在替你擔心。」

「絕對沒有那種事。您也知道，每星期五我都上猶太教會。同時，每天早晨都不忘閱讀聖經。」

「我說阿布拉先生啊！你每天都到養雞場，可是你並沒有變成雞呀！」

他人的葬禮

以猶太教的葬禮來說，人們都悲嘆不已，顯得又沉默、又黑暗又叫人傷心。

相對的，天主教的葬禮裡面，有人捧著聖像，司祭穿著漂亮的祭服，又唱歌又喝酒，顯得很熱鬧。

有一天，猶太教的宣教師與天主教的神父在街頭碰面，神父有點不屑地對宣教師說：

「為什麼你們的葬禮顯得那樣悲慘呢？我們都認為死亡是蒙神的寵召，所以嘛！除了悲傷以外，還帶著一些喜悅。」

「所以嘛！比起猶太教的葬禮來，我還是更喜歡看天主教的葬禮。」宣教師如此的說。

瘋狗

有個無聊的男人逢到自己發現了得意的問題時，總是會去找宣教師。看著宣教師目瞪口呆的表情，乃是他最感到快樂的一件事情。

今天，這個男子又去找宣教師。他很得意的對宣教師說：

「據說，在半路上無意間碰到瘋狗時，最好就地蹲下來。不過依照咱們長久以來的習慣，在市街碰到宣教師時，都非得站立起來不可。如果同時碰到瘋狗跟宣教師的話，應該怎麼辦？」

「這是很簡單的問題。不過，同時碰到瘋狗跟宣教師的機會少之又少。正因如此，逢到這種場合應該如何處理還沒有被確立。碰到瘋狗要蹲下去的說法一定是因為如此做比較安全，可見它是來自長年的經驗；碰到宣教師要站起來，無非是對他表示敬意罷了，這也是來自長年的經驗。所以嘛……我認為咱倆不如一塊上街，以便看看人們會有什麼反應……」

第二篇
學習的世界

■ 父母希望子女快速成長的心願，可以說是人類普遍的本能。尤其是對猶太人來說，除了這種本能以外，他們對教育的熱心也遠超過其他的人種。在沒有自己的國土之下，散居於世界各地的猶太人之所以人才輩出，不外乎是熱心於教育所使然。在這種風潮裡面，笑話也扮演了舉足輕重的角色。

腦筋好的傢伙

年老的達畢跟隨兒子移民到美國，移居美國以後，他如此對兒子說：

「我說曼塞斯啊！跟咱們同樣是猶太人的愛因斯坦，據說非常有名，他的所謂相對論又是什麼玩意呀？」

「爸爸，所謂相對論，乃是二十世紀最重要的理論。正因如此，愛因斯坦才獲得諾貝爾獎。他也是進入二十世紀後，世界最偉大的學者。簡單的說，相對論就像您抱著孫兒小塞斯，雖然經過了三十分鐘，但是在感覺裡，好像只有一分鐘似的！如果你一時大意坐在火爐上的話，即使只有一分鐘的時間，你也會感覺到彷彿是三十分鐘之久……這就是所謂的相對論啦！」

「真的呀！他的腦筋太好啦！只說了這些蠢話兒就變成家喻戶曉的人物，真是了不起啊！」

當事者

小學生傑明從學校回家後，就對他的父親說：

「爸爸，今天全班除了我以外，沒有人能夠回答老師提出的問題。」

聽了這句話，父親堆滿了笑容問：

「傑兒啊！真的只有你會回答問題嗎？孩子的媽，妳趕快來聽聽！」

父親叫母親過來，對她說：

「今兒個，傑兒回答了全班都無法回答的問題呢！」

「乖！傑兒真聰明，告訴媽媽，那是什麼問題呀？」母親閃亮著眼睛問。

「老師問我們：『誰打破了玻璃？』就是這個問題而已。」

名師出高徒

眾所皆知，美國的大學教授裡面有很多是猶太人。

紐約的哥倫比亞大學也不例外的擁有眾多猶太籍的教授。其中一位教授在必須上課的那一天，人卻仍在華盛頓。

教授很想在上課前趕回紐約，但是碰巧在華盛頓有一些雜事要處理，在一籌莫展之下，他只好打電話給大學研究室的祕書——瑪莉小姐。

「我說瑪莉啊！我很可能會來不及上課，但是我至少會在下課十分鐘前趕回來。不過，我把講義全部用帶子錄下來了。同時，我也利用快遞寄出去了。」

於是，教授在華盛頓辦完了事情以後，搭機回到了拉卡第機場，再搭計程車趕回學校。

他抵達時，離下課時間剛好只剩下十分鐘。

他準備回答學生的問題，因此火急的趕到教室。

正因為他過度急躁，在哥倫比亞女神像的階梯上跌了好幾跤，以致在擦傷好多處之下，好不容易抵達教室。

教室傳來了他美妙的聲音。

他在進入教室前，先使自己安靜下來，再打開門。在打開門

以前，教室裡鴉雀無聲，他以為學生們全神貫注的在聽講，內心裡感到非常滿意。

打開門之後，只見講台上面放著一部錄音機正傳出他的聲音，而教室內卻空盪盪地，一個人影也沒有。

教授定睛一瞧，原來學生們的桌子上也各放著一部錄音機。

反咬一口

律師修華茲又要忙著出庭了，這次不是為某個客戶。原來，他準備休掉自己的妻子。

他離婚的要求被帶到法庭處理。當著陪審員的面前，他儘量的使自己的妻子難堪。關於這一點，他非常有自信。

「修華茲夫人，妳在結婚前從事什麼工作呢？」

「我在夜總會表演脫衣舞。」

「什麼？表演脫衣舞？妳以為那是一份好工作嗎？」

說出了這句話，修華茲感到非常得意，他認為他已經抓住老婆的痛腳了。

「至少，我認為它比家父的工作更為高尚。」修華茲夫人堂堂正正地回答。

「修華茲夫人，令尊從事什麼工作呢？」

她以鄙夷的口吻叫了起來：

「家父是一名混帳的律師，他是個典型的惡棍！」

大懶蟲

摩修懶惰得離了譜兒。有一天，他對老闆阿布拉說：

「唉……如果一天有二十五個小時的話，那該多好。」

阿布拉聽了這一句話，非常驚訝的問：

「怎麼？你要改頭換面，好好做事了嗎？」

「哪兒話！我認為一天有二十五個小時的話，我就可以只工作一個小時啦！」

走楣運

猶太有一句諺語說——

「走楣運的人，當他的麵包從餐桌上掉下時，塗有奶油的一面將朝著下面。」

愛沙克正在走楣運，正因如此，不管做什麼事情都不順利。

有一天，愛沙克跟耶可夫到飯館進食時，不小心把麵包打落到地面上。

當他撿起麵包時，恰有如長期困在黑暗裡的人突然見到陽光似的叫了起來：

「你瞧！我的楣運過去啦！」

「幹嘛！你怎麼那樣興奮呀？」

「麵包掉下去時，塗抹奶油的一面朝上，我就要交好運啦！」

耶可夫可是一臉的不相信：

「不可能有那種事！你塗抹奶油時一定弄錯面了！」

著名的大鋼琴家魯賓斯坦居住於巴黎的期間，同一條街上也住著同名的銀行家魯賓斯坦。

因為名字相同，郵差時常送錯信件。

有一天，銀行家魯賓思坦去拜訪音樂家魯賓斯坦，遞給他一堆信件說：

「魯賓先生，我碰到了一件麻煩的事兒，是否可以拜託您助我一臂之力？」

「真湊巧！我也正想去拜訪您呢！」

「如果您駕臨寒舍的話，您就跟我老婆說——布拉格的露依絲、華沙的伊芙、巴黎的瑪格麗特，以及羅馬的蘇菲亞都是你的相好吧！」

「那當然，那只是舉手之勞而已。」

說著，鋼琴家魯賓斯坦拆開了那些信。果然不假，那些信件都是寫給他的。接著，鋼琴家魯賓斯坦從書齋拿來一堆信件，把它們放置於銀行家魯賓斯坦面前說：

「魯賓斯坦先生，我可以對尊夫人說，那些女人寫來的信件原來是要寄給我的。不過也請您對我老婆說，我存在羅馬銀行的五十萬英鎊，存在巴黎銀行的一百五十萬美元，以及存在倫敦銀行的四十萬美元，全部都是你的！」

證據

在赫爾姆那座城市，有一天發現了一具被殺害的屍體，整座城市一陣譁然。

宣教師立刻趕到發現屍體的地方。

從圍觀的人群裡面，一個婦女哭泣著走了出來。

「啊！我的天哪！神哪！宣教師哪！我的運氣實在實在太壞啦！因為他正是我老公呀！」

「妳沒搞錯吧？他確實是妳老公嗎？妳有證據嗎？」

「錯不了啦！我有確實的證據，因為我的老公有口吃的毛病。」

世上哪有這種事？怎麼能證明死人是口吃的呢？宣教師想了一下，然後他以冷淡的口氣說：

「那是成不了證據的！因為在這一座城市裡，口吃的男人實在太多啦！」

威嚴

剛剛升任為連長的阿布拉，認為必須在部下面前擺出威風凜凜的樣子。

有一天下午，當他在連長室看漫畫時，聽到有人在敲門。

他慌慌張張的把漫畫收入抽屜裡面，接著裝模作樣的拿起了電話，把聽筒按在耳朵上面，再大吼了一聲：「進來吧！」

進來的是通信兵大衛，他手裡拿著工具箱。

「俺現在跟軍司令官在商談重要的事項，你到底有什麼事情呀！」阿布拉裝成十足威嚴的樣子詢問大衛。

「報告連長，副官跟我說電話壞掉啦！叫我來修理。」

誰最幸福？

在往昔，東歐的猶太人通常如此的說明窮人、富翁、爵士以及俄國皇帝有什麼不同——

・窮人們只有在星期五的晚上換穿新襯衫。

富翁們每天都要換穿新襯衫。

羅傑斯男爵每天上午與下午要各換一件新襯衫。

皇帝身旁的隨從連休息的時間都沒有，只是不停的在幫皇帝換穿新襯衫。

・窮人們很早就起來吃早飯。

富翁在上午十點鐘起床吃早飯。

羅傑斯男爵睡到下午兩、三點鐘再吃早飯。

皇帝睡一整天，翌日早晨再吃早飯。

・窮人睡午覺時，通常由妻子喚醒他。

富翁寢室外面站著一個傭人，防止別人去打擾富翁。

羅傑斯男爵睡午覺時，十二個傭人在屋裡來回巡視，不許人發出任何聲音。

至於皇帝睡午覺呢？他的寢室前面將有一個連隊的士兵站著，大聲的喊著：「不要出聲！不要出聲！」

想法錯誤

在赫爾姆的街頭，耶可夫跟沙繆一直在爭論。

他倆爭論的問題是——人類到底是從頭部長高呢？還是從腿部長高？

最後，沙繆說：

「想起了孩提時代，父親買給我穿的褲子不久以後就會變短不能穿，所以嘛！我一直認為人們是由腿部長高的。可是，昨兒個不是有軍隊經過街頭嗎？」

「……約有一百個士兵並排著走過市街。」

「就是啊！我瞧他們的腿部都非常的整齊，不過頭的高度卻參差不齊。正因如此，我發覺自己犯了一項大錯。果然不出所料，人類是從頭部長高的！」

針鋒相對

在耶路撒冷的飯店酒吧中，兩個詩人很偶然的碰頭。

他倆都是德語系猶太詩人，不過競爭意識都很強烈。

表面上，他倆很親熱的坐在一個角落。但是一開始就在互別苗頭，吹噓著自己的詩集已賣出多少。

「我們已經一年不曾見面了。閣下你知道嗎，我的讀者已經比去年足足成長一倍之多了。」

「很好！我不知道你已經結婚啦！恭喜你啦！」

患者的部位

有一天，醫院裡來了一個年輕的美嬌娘。

美嬌娘對修華茲醫生說：

「大夫，我的肚子很可能有毛病，因為我時常會放屁，但它一點也不會臭哩！」

「好吧！那就讓我嗅一下吧！」

「大夫，您也真是的！那玩意兒並非想放就能夠放呀！」

「說起來滿有道理的……好吧！那麼下次妳快要放時，就趕快跑到醫院來吧！」

醫生如此說了以後，美嬌娘就點點頭回去了。

經過了四、五天以後，醫生已經完全忘了那一位美嬌娘。有一天，當他在診察病患時，護士衝了進來，報上了美嬌娘的芳名，說是需要「急診」。

「大夫，她說她就要放啦！快啦！」

修華茲醫生想不出美嬌娘的名字，但聽到護士這麼一說就知道是怎麼一回事了，於是他立刻跑了出來。

「啊！啊！就要出來啦！」美嬌娘嚷叫了起來。

修華茲醫生跟美嬌娘以嚴肅的表情對望時，兩個人都聽到了一陣小小的聲音。

修華茲抽動了鼻子一陣子以後，對美嬌娘說：

「妳確實非開刀不可！」

「什麼！要開刀？」美嬌娘用手按著腹部，青白著一張臉驚訝地說。

「不錯！非開刀不可！妳的腦子非立刻開刀不可！」

廉價的外衣

阿布拉在夜晚潛入百貨公司偷了三十八件上衣，被逮到了之後，被起訴。

進行審判時，審判長問阿布拉：

「你在四月三日夜晚潛入百貨公司偷了一件兩美元的外衣，總共達三十八件之多，你認罪嗎？」

「……我認罪。」

「那麼你是有罪啦！不過因為你是初犯，偷的東西又便宜，你也賠償了，是故判你勞役一個月，緩刑兩年。」

「審判長，那就謝謝您啦！」

「那麼，以後就謹慎一些，千萬別再犯啦！正正當當的生活下去吧！」

「真是太謝謝您啦！我會小心謹慎的生活下去的。」

當阿布拉欲走出法庭時，審判長按捺不住好奇心，於是叫住了他：

「你稍微等一等……你進入的那家百貨公司陳列著很多貂皮大衣，以及各種昂貴的皮草、毛料。在這種情形之下，你為何要偷一件只值兩美元的廉價外衣呢？」

「審判長，求求您饒了我吧！一直到被抓到為止的兩個多月以來，我老婆就一直那樣的奚落我呢！」

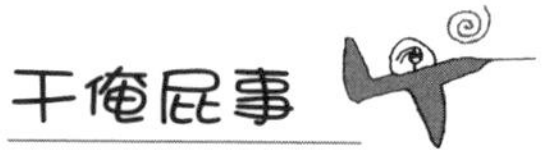

干俺屁事

刮起了颱風，以致船兒有如一片樹葉似的，上下左右地猛烈搖盪。

船上的人祈禱，求神大發慈悲救救他們，一些不懂得祈禱的人們一味的在尖叫，不停的發抖。不過在這場騷動中，一群猶太人好似沒有發生什麼事似的，一點也不顯露出慌張的德行。

「怎麼？你們一點也不害怕嗎？」

船客問那些猶太人。

「……咱們完全不怕。」

在這段時間裡，波濤不停的拍打甲板，船身彷彿翹翹板似的激烈晃動，而且嘎嘎作響，彷彿立刻就要解體一般。

「船兒很可能會下沈呢！」

雖然如此，那群猶太人仍然很沈著：

「咱們為何要擔心呢？這艘船兒又不是咱們的！」

最準確的手錶

考恩是一個貧窮的猶太人。

他雖然有手錶，但是它卻一直沒走動。

儘管如此，碰到認識的人們時，他都會驕傲的說：

「俺的手錶比任何人的手錶都好。」

「為什麼呢？」

「第一，沒有任何人的手錶比它寂靜。」

「說得也是。」

「它不僅寂靜而已。那種所謂手錶的玩意兒，只要走動，絕對不可能完全準確，不是快一分鐘，就是慢兩分鐘。可是，俺的錶卻永遠指著七點半。至少在一天裡，有兩次是準確的。比起一次也不準確的手錶來，一天有兩次準確的手錶不是強多了嗎？」

在醫院裡，兩個男子住在同一間病房。

一個男子手臂受傷，另外一個男子則是大腿受傷。

醫生進入病房，首先解開了睡在右側床榻上面的男子的手臂繃帶，開始消毒上藥。該男子因為忍受不了痛苦，雞貓子般大聲叫嚷了起來。

待處理完畢後，醫生再走到睡在左側病床的男子身旁。

不過，該男子始終不吭聲。

待醫生走出去以後，右側病床的男子問：

「我那麼大聲的嚷叫，你卻完全不吭聲。但是你大腿負傷的程度比我的手臂嚴重，你為何能夠忍受那麼大的痛苦呢？」

如此一來，左側病床的男子這樣答覆：

「你以為我會在那個傢伙的前面，伸出我折斷的那隻大腿來嗎？」

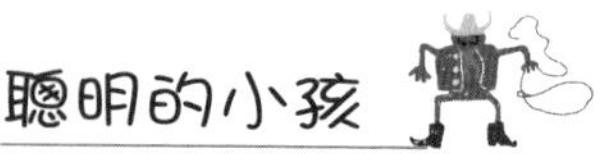

聰明的小孩

每年逢到以色列的獨立紀念日，耶路撒冷的運動場就會演出豪華的野台戲，也有軍隊的行進表演，來自全國的學生紛紛演出拿手的節目。雖然大夥兒都想到場觀看，但往往一票難求。

今年有一個查票員正在現場查票。

他看到一個小孩子獨自坐在一個很好的位置上。

「你的票呢？小朋友。你只有一個人嗎？」

「票在這兒……我是一個人來的。」

查票員認為五、六歲的小孩，不可能是單獨來看熱鬧，於是問他：

「小朋友，你的爸爸呢？」

「我爸爸就在家裡呀！現在哪……我家想必像一個打翻的蜂巢似的……所以嘛……我才一個人來此地……」小孩如此回答。

「是嗎？你這麼小，一個人來此地實在不妥。你家裡到底發生了什麼事情啊？」

查票員充滿了好奇心地問。

「如今哪！我老爸可能正翻遍家裡每個角落，苦苦尋找著我這張票哩！」

頭痛的來由

考恩夫人是市街裡面最著名的歇斯底里女人。有一天，她專

程去拜訪宣教師。

這個歇斯底里女人就跟往常一般，一古腦兒的對宣教師透露她的煩惱，再數落旁人的不是，有如連珠炮似的罵人。如此「轟」了宣教師兩個小時後，她突然全身感到無比輕鬆，笑著對宣教師說：

「啊……我的頭痛全部好啦！」

想不到宣教師卻如此的說：

「這位太太，妳當然不會再頭痛囉！因為現在已經換成是我頭痛了呀！」

兒子的大學問

考恩有一點兒輕佻以及愚蠢。

對於這種男人，猶太人稱他們為「休方米魯」。

「休方米魯」型的人，大多數和善，始終在努力，但是運氣不佳，不管做什麼事情都不順利。結果呢？在旁人的眼裡，他們就顯得輕佻又愚蠢了。

例如，「休方米魯」開車時，鐵板就會掉在車上，壓垮車子的引擎蓋，待他慌張的從車子裡走出來時，又會踩到香蕉皮而跌倒。反正啊！他們就是這種德性，可是有時卻又有一點兒頭腦。

現在，我們就來說說「休方米魯」之一的考恩吧！

考恩認為自己所以變成「休方米魯」，一定是他不曾受過正規教育所使然。

於是，他就縮衣節食，把錢投資在兒子摩修身上，讓他接受高深的教育。

歲月荏苒，兒子進入大學後，很快的到了暑假。

「爸爸，放暑假啦！我回來啦！」

摩修閃亮著眼睛如此說時，考恩也立刻用炯炯有神的眼光看著兒子，把寶貝兒子擁抱住，母親貝姬也笑瞇了眼睛。

一家三口進入簡單清潔的客廳時，考恩問兒子：

「諒必你在大學裡學習了很多東西吧？」

兒子點點頭。

「那麼你就教教老子吧！」考恩有心「考」一下自己的兒子，於是如此的問：「兒子啊！海洋有多深呢？」

「從海面到海底，海洋有相當深的深度呢！爸爸。」摩修如此回答。

「……很要得！你怎麼知道的呢？」

「爸爸，只要讀過海洋學就不難知道啦！」

「好吧！蜈蚣有一百隻腳，那麼，左右各有幾隻腳呢？」

「當然是左右各有五十隻腳啊！如果右邊五十一隻腳，左邊四十九隻腳的話，蜈蚣就不可能筆直的行進，老是會在原地打轉個不停。」

「……好偉大哦！」

考恩感動逾恆，因為兒子變成了無所不知的「學者」。感動之餘，他一句話也說不上來。母親貝姬也在一旁閃亮著眼睛，聽著父子倆的交談。

接著，考恩在自己褲子口袋裡拿出一枚一毛錢的硬幣，再把握著硬幣的手伸到兒子面前說：「摩修，你知道我手裡握著什麼東西嗎？你最好仔細的想一想。」

摩修非常認真的從各種角度，慎重的看著父親緊緊捏著的拳頭，隔了一陣子方才開口說話：「爸爸，基於解剖學、物理學、

形質人類學，以及生態學等等的立場來說，您是握著一個圓圓的東西。」

「嗯……」考恩很感動的低吟了一聲：「你認為是圓的東西嗎？摩修……」說著，他流出了喜極而泣的淚水。

「是啊！基於微積分跟幾何學的立場來說，仍然是圓圓的東西……爸爸，您手裡一定拿著汽車的輪胎！」

別人的事情

何洛畢到醫生那兒求診，經過了種種的檢查以後，醫生說：

「何洛畢先生您很健康，只是有那麼一點兒糖尿病傾向罷了。如果我是您的話，我根本就不會煩惱。」

「醫生啊，你說得很對，就算你罹患有糖尿病，我當然也不會煩惱啊！」何洛畢生氣地回答。

修女與企鵝

摩修被邀參加派對，可是他遲到了。他抵達時，並沒有跟主人阿布拉打招呼，劈頭就問他：「我說阿布拉啊！企鵝大約有多高呢？」

「什麼？企鵝？」

「是啊！就是企鵝。」

「這個嘛……在南極的企鵝約有一公尺高，而在北極的企鵝大約只有八十公分高吧？」

「此話當真？」

「好吧！我就查查百科辭典看看。」

說罷，阿布拉走到了書櫃那兒。

「企鵝嘛……企鵝……有啦！那是鳥綱企鵝目企鵝科的海鳥，約有十七種。翅都呈鰭狀……」

「不要管那麼多啦！你快點查牠的身高好嗎？」

「……直立時的高度嘛……最小的矮企鵝，也就是生產於澳洲以及紐西蘭的企鵝，大約只有三十公分高，個兒最高的國王企鵝達九十公分以上……」

「這……是……真……的……嗎？」

「……錯不了啦！」

「天哪！」摩修仰天大叫：「那麼，剛才我來此途中撞倒的一定是修女囉？」

（編按・讀者老爺可想一想，修女的服飾與企鵝……）

沒有人知曉的祕密

一座市鎮住著一個大富翁。此人以「吝嗇」聞名，一向對「拔一毛以利天下」很不以為然。而且啊，他又在暗地裡做了不可告人的事情。

有一天，宣教師到大富翁家裡，叫他捐一些錢給慈善機構。這位宣教師剛調來這座市鎮不久，大家都告訴他別去找大富翁，因為那只是白費力氣罷了，但是宣教師認為不妨試試。

「諒必您也閱讀過猶太法典吧？您知道以色列的死海何以被稱為『死海』，而另外一個湖泊則被稱為『卡利拉耶湖』嗎？」

「我當然知道。」吝嗇的大富翁說：「『卡利拉耶湖』有流到外海的河川，所以擁有這個名稱。『死海』則是一個封閉的湖泊，沒有流到外海的河川，因而被稱之為『死海』。」

「正是如此。如果您吝於捐錢給慈善機構的話，您的人生也將變成死海。」

「哪兒話，我已經捐錢給慈善機構很久啦！只是我不想讓人家知道我在做慈善事業，因此一向都只是默默地進行。」

「那才有鬼哩！」宣教師說：「您那些自認為別人不會知道的『壞事』，全市的人可全都心知肚明，可為何在暗中進行的『好事』卻總是沒有人知道呢？」

忍耐力

以色列的官僚作風遠近聞名，不管是在哪個政府機關，縱然只是領取簡單的單子，仍必須排隊。

凡是領取居民證、繳稅、更換汽車牌照、申請各種證明……都非排隊不可。

從美國移民到以色列的阿布拉再也忍受不了了。

從政府機關回家時，阿布拉對友人摩修說：

「我忍受不了這種效率那麼差的國家了。一切都要怪梅耶總理，只要把他幹掉，一切都會好轉。我一定要把他幹掉！」

「你有那種膽量嗎？」摩修揶揄阿布拉。

「你別把我看扁了，我一定幹給你瞧瞧！」

一個月之後，阿布拉在政府機關排隊時，十分湊巧地又碰到了摩修。

「喂！阿布拉，咱們總理看起來很好呀！」摩修又揶揄起了阿布拉。

「那實在太不湊巧啦！上次我到總理官邸想暗殺梅耶總理時，竟然碰到很多人跟我『志同道合』，於是排起了長蛇陣，因為我不想排隊，所以嘛……就放棄啦！」

復仇

赫爾姆市的某居民到鄰市去觀賞戲劇。回到赫爾姆市以後，他的朋友問：

「喂！你看了什麼戲呀？」

「那實在太氣人啦！」

「到底是什麼戲呀？」

「我並沒有看戲。那時，售票的人問我：『你是齷齪的猶太人嗎？』」

「那……那……實在太過分啦！」

「所以嘛……我就報了仇。我購買了戲票，但是並沒有進去看戲。」

女兒與媳婦

考恩夫人在市街散步時，碰到了一個熟人。

「考恩夫人您好。令千金最近如何呢？」

「不錯啦！真謝謝您的關心，她很好，而且一向很幸福。我

的女婿很體貼，使我女兒能夠睡到日上三竿方起身。她在床上吃早飯，然後到美容院做頭髮，再來，進百貨公司購物，夜晚出席雞尾酒會，過著好萊塢女明星一般的生活方式。」

「那實在太幸福啦！那麼，令公子好嗎？」

「唉……我兒子的命太壞啦！那種媳婦啊！真是禽獸不如呢！每天都睡到中午過後方才懶洋洋的爬起來，又賴在床上吃早餐，家裡的事情啥也不做，到美容院做一頭怪模怪樣的髮式，再到百貨公司胡亂花錢。回到家裡並不做晚飯，立刻去參加什麼雞尾酒會啦，過那種放蕩的好萊塢式生活。我那兒子真歹命哦！」

當然是一樣

丹尼被老師叫到教職員室，如此的被質問：

「丹尼，你的作文『我的貓』為何跟西門的一模一樣呢？」

丹尼不慌不忙的答覆：

「因為我跟西門描寫的是同一隻貓呀！」

最好的律師

因為行竊被逮捕的阿布拉，終於被帶到法庭審判。

在開始審判以前，法官問他：

「你有什麼事情要交代嗎？」

「我希望你給我找一位市內最好的律師。」

聽了這句話，法官嚇了一跳！

「不過，你是現行犯呀！再怎麼為你辯護也是徒然，難道最好的律師能為你做特別的辯論嗎？我倒是對這一點甚感興趣。」

阿布拉浮泛出揶揄的笑容說：

「是呀！對這一點，我也甚感興趣！」

舉杯慶祝

在耶路撒冷夜晚的街道上，達比爛醉如泥的走著，被路過的警察遇到了。

他被留置在派出所，整晚受到保護，在翌晨被釋放之前，所長勸告他說：

「你就不要再喝成那副德行啦！那樣的話，將徒增周遭人們的麻煩，搞不好也會碰到車禍呢！以後請多多注意吧！你為何要喝成那副德性呢？」

「哪兒話，我喝成那樣並不算過分。」達比回答：「昨夜我本來只想喝一杯。據說喝了一杯酒，就會變成一個新的人。同時，『聖經』也記載過，兩個猶太人碰面時，為了慶祝友情，總是會舉杯痛飲。正因如此，我是跟新生出來的那個猶太人，兩個人盛大的慶祝友情罷了。」

第三篇 男女的世界

■ 創造天地的第六天，神根據自己的模樣創造了男人。神又從睡著的男人身上取下一根肋骨，創造了女人。那時男人如此的說：「這乃是我的骨中骨，我的肉中肉。」自從那時以來，男女在世上刻下了種種的軌跡。一直到今天，不問古今中外，世界上的笑話絕少不了男女問題。即使猶太的世界也不例外。

第二十五年的悲劇

在耶路撒冷的某家夜總會，有一個喜劇演員在節目中場的空檔一面說著笑話，一面巡迴於客人之間，一一詢問客人來自何方？到以色列幹什麼？以及對以色列的印象如何？有一天，這個喜劇演員從一張桌子走到另外一張，問著客人：

「客官您來自何方？」

那張桌子旁坐著一對老夫婦，好像是猶太裔的美國人。

「我們來自美國的芝加哥。」老先生如此的回答。不過，他一直在嘆氣。

他的身旁坐著他的老婆。那個胖老太婆全身上下戴著鑽石項鍊、鑽石手鐲，滿臉的不高興。

老先生對眼前的香檳酒瞧也不瞧一下，一味地嘆著氣。

「客官哪！您為何長吁短嘆呢？」

如此一來，他身旁的夫人插了嘴說：

「今兒個是我倆結婚二十五週年紀念。想不到這個老糊塗一直嘆個沒完。」

「老先生！」喜劇演員對老先生說：「您的太太說今天是您倆結婚二十五週年紀念，既然如此，您何不妨喝下這杯香檳慶祝一下呀！」

聽到喜劇演員如此的說，老公不禁哭了起來。待哭過了一陣子，他方才說：

「請您聽我說。事實上，在結婚五週年那一天，我就想殺掉老婆蕾貝卡。不過，我畢竟是大學畢業生，做事不敢魯莽，於是

我就問我的律師說，如果我殺了蕾貝卡的話，將會被判幾年呢？律師在翻過六法全書後告訴我——『如果你那樣做的話，將會被判二十年徒刑。』您想想看！今天已經是結婚二十五週年，而我卻仍然沒有一點兒自由……」

神的教導

兩個宣教師在爭論。

問題在於神既然是全能的，為何要趁著亞當睡覺時取他的一根肋骨製造女人？

「既然是萬能的神，只要輕輕的呼口氣就不難製成夏娃。為何要趁著亞當睡覺時，偷他一根肋骨製造女人呢？」

「那是很簡單的事情。那不外乎是神在教訓世人，暗示我們偷來的東西沒有一件是『好』東西……」

不回家的理由

在波蘭的某一座市鎮，居住著一對猶太夫婦。

丈夫是學校的教職員。因他受僱於鄰街的猶太人學校，不知何故，他卻單獨居住於鄰街。

奇怪的是，在漫長的一年裡，他只回家一次。

猶太人比起其他民族來更為注重家庭的生活。是故，該男子回家時，宣教師去拜訪他說：

「你為什麼不常常回家呢！鄰街離你家並不遠啊……至少，

你可以每週回家一趟啊！」

「那怎麼成？我每年回家一次，只是為了妻子的生產。請您想想看，我到鄰街工作至今已經八年，孩子都已經有八個啦！如果每週末都回家的話，那我就會擁有一大堆的孩子，到時我可就慘啦！」

理想的生活

以色列人心目中的理想生活是——領取美國人的月薪，娶日本女人為妻，吃中國菜，住在英國式的房子。

這種——美國薪水，日本妻子，中國廚子，英國房子的組合方式，乃是全世界的人所羨慕的生活方式。

在某個派對裡，人們以最惡劣的生活狀態為話題。

「那毫無疑問一定是賺中國人的薪水，住日本式房子，及使用英國廚師囉？」

「那麼，娶哪一國的女子為老婆最差勁呢？」

關於這一點，大家的意見很快的就獲得一致——

「那還用問嗎？娶美國女人為老婆是最差勁的一件事情啦！」

陌生男人的權利

猶太人居住的市街老是顯得混亂。

時針指著五點時，每個人都從工作地點走出來啦！大街上混雜著剛購物完回家的主婦。每天逢到這個時間，公車的車站都會

排滿長蛇陣。

莎拉剛剛從百貨公司走了出來。因為她購買了帽子、皮鞋、衣服、手提袋等十七件東西，以致除了兩手抱得滿滿之外，兩個手腕還掛著幾個紙袋。

她就站在隊伍的最前面等著公車。那一天，她穿著貼身的衣服。公車進站了，莎拉抱著好多東西，公車的階梯又高，衣服又繃緊在身上，使得莎拉無法上車。

於是，她認為只要把裙子的拉鏈弄鬆一些，就可以擠入公車裡面，所以就用一隻手暫時頂著兩手抱著的東西，再利用空的一隻手去拉鬆拉鏈。

後來，一個年輕男子把莎拉抱進公車裡，莎拉才好不容易進入公車裡坐好。

想不到年輕男子仍坐在莎拉身旁，緊握著莎拉的手不放。如果對方是溫文儒雅的男子那還罷了，誰知對方渾身髒兮兮的，一隻手又流著汗。

「請您把手放開！」

莎拉對年輕男子說：

「雖然我拿著太多的東西，一時上不了車而感到窘困，但是陌生的你怎麼可以抱著我上車呢？這實在太難看啦！而且啊！你怎能老握著人家的手不放呢？請你放開手好嗎？」

想不到，年輕男子把莎拉的手握得更緊說：

「可是，妳前後三次都想打開我褲子前面的拉鏈，那又代表什麼呢？為了防止妳再次打開我的拉鏈……我……我只好緊緊握著妳的手……」

女人的虛榮心

賓傑上班回家後對老婆蕾貝卡說：

「我剛才在街角的酒吧聽說，今天有一個郵差吻遍了這棟公寓的女人，只有一個女人不曾被吻到。」

「噢……那一個不曾被吻到的女人，一定是樓下的蘇珊，因為世界上沒有比她更叫人討厭的女人！」

就照你的希望吧！

因經營期貨而成功的艾森修坦，雖然已經結婚並育有一男一女，可他卻愛上了他的新女祕書，以致每天都纏著她不放。

他帶她到高級的餐館吃飯，購買昂貴的戒指給她，又去大百貨公司購買最高級的皮草大衣。

不過，女祕書卻一直對他無動於衷。

女祕書越是拒絕，他越是糾纏得起勁。

今天，艾森修坦又把女祕書叫進辦公室裡，重彈舊調：

「妳就答應我吧！叫我高興得懸在半空中吧！」

「你既然想懸在半空中，那就不如跳下去好了！」

歡喜的叫聲

有一天，阿布拉夫婦有急事，必須到明斯克走一趟。

但是，蘇俄的冬天很冷，道路都凍結了，而且老天還不停地下著雪。

阿布拉在強風裡掙扎著前進，到馬車驛站找馬車夫說，他想即刻到明斯克。

「老闆哪！您就別開玩笑啦！在大雪紛飛之下，就連正前方也看不清楚。而且賓斯克到明斯克的道路都凍結啦！最好在大雪停下來後再起程。依我看，大雪可能會連續下三天……」馬車夫從鼻孔裡噴出伏特加酒的味道說。

「可是，我非即刻去明斯克不可啊！那可是一件非常非常重要的交易。平常從此地到明斯克你不是都索價十盧布嗎？不過，我們可以打個賭，我輸了就付你五十盧布。」

聽到那一句「五十盧布」的話兒，馬車夫的面孔頓時發出了光彩，彷彿是大雪已經停止，陽光露出雲端似的。

「您說的打賭是什麼呢？」

「如果到明斯克的途中我始終不發一語的話，你就不要拿車資，但只要發出一點聲音的話，我就必須付你五十盧布，你說這樣可好？」

馬車夫稍微考慮以後說：「那敢情好。走吧！」

馬車在大雪紛飛中出發。

馬兒在凍結的道路上面奔馳。

馬車碰到凍結的石塊，跳到冰塊上面，搖搖欲墜。

阿布拉蒼白著一張臉，但是他一直緊閉著嘴巴。

馬車越跑越快，奔跑在羊腸小徑時，差一點就掉進河裡。在一處拐彎的地方，差一點就翻倒。不過，阿布拉仍然不吭氣。

眼看就快要到達明斯克啦！

最後，馬車奔入小路。馬車夫越來越焦急，他擔心白忙了半天，到頭來一個子兒也拿不到。現在，馬車正通過絕壁旁的小路，再過去就是急轉彎，偏偏馬兒又在狂奔，阿布拉目睹到馬車一邊的輪子通過絕壁上面踩了空，不覺連連打了寒噤，可是，他拼命地忍住欲叫出來的衝動。

通過拐彎處，大雪紛飛中出現了明斯克的街燈。

終於抵達明斯克了。

馬車夫從口袋裡取出烈酒，一飲而盡。

「老闆哪！俺輸啦！您不必付錢。」

阿布拉對馬車夫說：

「那就太謝謝您啦！說實在的，我只差了那麼一點點就叫出聲音來呢！」

「噢……你是說剛才那個拐彎？俺也不曾那樣害怕過呢！」

「哪兒話。經過那兒我還可以忍受。但是到了拐彎處將過去時，馬車的門突然打開，當我的老婆掉進谷底時，我差一點就忍不住高興地叫出來了哩！」

老小姐眼中的男人

有一個老小姐在沒有結婚之下度過了五十歲。

有一天，宣教師到她家拜訪，並且如此的問她：

「小姐啊！妳為何不結婚呢？」

老小姐回答：

「我不但飼養了聒噪的鸚哥，還有好幾隻把家裡弄得亂七八糟的狗兒，夜間不停叫囂的貓兒，還飼養了照顧起來十分費事的金魚以及烏龜。在這種情況之下，我還要老公幹嘛！」

嫉妒的男人

亞瑟是嫉妒心很強的男子。

打從孩提時代起，他就懷疑父母瞞著他購買額外的玩具、糖果等給其他的兄弟，以致老是嫉妒其他的兄弟。

上學之後，逢到同學的考試分數高過他，他也會嫉妒好幾天。進了社會服務仍然如此。

不過，更離譜的是，他在跟莎莎結婚以後，方才把嫉妒心發揮得淋漓盡致。

亞瑟不讓送報紙的人以及送鮮奶的人，進入他居住的二樓公寓走廊。他叫那些人把報紙，鮮奶放置於樓下的大門處，再由他自己拿到二樓。

他也不讓妻子莎莎到外面購買東西。家裡的電氣設備以及下水道發生毛病時，亞瑟都自己動手修理。

雖然謹慎到這種地步，但是為了生活，亞瑟非到公司上班不可。他一旦到了公司以後，就會前後打好多次電話回家，以調查妻子是否在家裡。

想不到，在某一天的上午十一點左右，亞瑟突然感到心驚肉跳，整個人開始坐立不安。他堅信一定是妻子紅杏出牆，正在勾

搭男人。

於是他顧不得辦事，坐著計程車迅速的趕回家去。他氣喘如牛的跑上二樓，撞開了門兒，大喊了一聲：

「喂！莎莎！快把野男人交出來！」

妻子莎莎穿著睡衣，揉著眼睛走了出來：

「咦？你怎麼回來啦？」

「別裝蒜！快把野男人交出來！」

「你是否吃錯藥啦？哪有什麼男人呀！你也真是的……」

原來亞瑟上班以後，莎莎又睡了一陣子回籠覺，想不到亞瑟把她吵醒啦！

亞瑟堅信自己的妻子藏著野男人，因此開始在公寓裡面到處尋找，他找遍了僅有的兩個房間，又掃視臥床下面，再打開壁櫥，就連洗手間、馬桶、桌子下面以及窗簾後都不放過，但是連個男人的影子也沒有。

後來，他認為野男人很可能攀著窗沿，整個人懸在半空中。

他想：對了！一定是這樣！

亞瑟從窗戶往外面一瞧，正好看到下面有個男子，一面扣著腰帶一面奔跑。

亞瑟感到妒火中燒，他抓起一只木箱，朝著該男子丟下去。正好擊中了該男子，男子就當場死了。

看到該男人死翹翹以後，亞瑟方才驚醒過來。

他冷靜地想——妻子勾搭野男人的事情根本就是產生自他嫉妒心的一種妄想罷了。由於自己的嫉妒心太深，終於害死了一個無辜的男子。想到此，亞瑟走進洗手間上吊而死。

＊

當恢復意識時，亞瑟已經站立於天堂前面的隊伍裡面。

亞瑟前面站著被他砸死的男子。

不久以後，神走到被亞瑟砸死的男子前面問：

「我的孩子，你為何來到此地呀？」

那個男子回答：

「那一天，因為我的鬧鐘沒有響，使我睡過了頭。待我清醒過來時，已經將近十一點鐘。所以我一面跑步一面穿衣服。就在那時，不知怎麼地，從上面掉下一只很重的木箱，於是我就到這裡來啦……」

神點點頭說：

「好的。你就進入天堂吧！」

接下來輪到了亞瑟。

「我的孩兒啊！你為何到此地呢？」

「打從孩童時代起，我的嫉妒心就很強，今兒個上午，我莫名其妙的認為老婆在勾搭野男人，於是趕回家裡察看。那時，我看到窗下有一個男子在扣腰帶，一面奔跑，因此用木箱把他砸死。後來，我為了謝罪，上吊身亡。」亞瑟對神說出了經過。

神聽完了，嘆了口氣說：

「你實在太魯莽啦！不過，你以自殺贖罪，我們也可以原諒你了。你進入天堂去吧！」

於是，他倆朝著神指示的方向走去。

就在這個節骨眼裡，亞瑟聽到他後面的一個男子正如此回答神的問話。

「我也不知道自己怎會來到此地，我本來正和一個女人在搞那一檔事，想不到她那夭壽的丈夫卻突然回來了，我只好躲在那只箱子裡面……」

解決的策略

一個窮人在九年之內生了九個孩子，他在無可奈何之下，來到了宣教師家裡，請教他是否有妙方。窮人如此說：

「不管俺如何的賣力工作，因為孩子一個接一個的來臨，叫我們連三餐也吃不飽。對於如何養育九個孩子，我跟老婆都感到頭痛異常。如今，我該怎麼做呢？」

「你最好『什麼』也不要做。」宣教師如此的回答。

冷淡的妻子

愛沙克跟蘇絲在同一個房間看書。

「我說愛沙克啊，外面太冷了啦！你把窗戶關起來吧！」蘇絲對老公說。

老公嫌她囉嗦而不作聲。

「我說你呀！你沒有聽到我在說話嗎？外面太冷啦！你把窗戶關起來呀！」

老公根本就不想站起來，仍然在看書。

「你！你耳聾啦！你快一點去關窗戶呀！」

愛沙克老大不情願的站起來去關窗戶，然後說：

「如此一來，外面就比較暖和啦！」

年齡計算法

在帝爾畢夫的社交界，四十歲的魯賓跟二十歲的少女結婚。由於他倆整整相差二十歲，所以社交界一直在說魯賓是——老牛吃嫩草。

有一天，魯賓在街角碰到了喜歡搬弄是非的老婦人。

她看到了魯賓立刻皮笑肉不笑的說：

「聽說你娶了一位很嫩的美嬌娘，是嗎？」

「哪兒話，她跟我同年。妳聽誰嚼的舌根啊？」

魯賓慌張的否認。

那一位老婦人的情報非常靈通，不過她並沒有露骨的把它表現出來。她又說：

「不過，你的太太實在是非常年輕，看起來就像你的女兒。嘻嘻……」

「哪兒話，我倆是同年。」魯賓堅持著：「她二十歲，我四十歲。只要跟她在一起，我就會年輕十歲，她也會年長十歲。正因如此，從我的年齡減十歲，給她加上十歲，這麼一來，我倆不都是三十歲了嗎？」

如果聽女人的意見……

兩個宣教師在爭論。

「為何神先製造亞當，然後再製造女人夏娃呢？」

「那是很簡單的一件事情。」另外一個宣教師說：「如果在製造女人以後再著手製造男人的話，神就必須聽取女人的意見，一旦聽了女人的意見，就什麼事情都做不成啦！」

女人的直覺

結婚一年的莉娜回到娘家，她向母親抱怨老公耶可夫老是撒謊，是個不能信任的男人。

「只要耶可夫一撒謊，我就會察覺到。」

的確，女人擁有一種類似動物的直覺，具備一種看穿事物的超能力。

「妳為什麼會知道呢？」

「因為耶可夫要撒謊時都會歪嘴。」

向前輩懺悔

一名男子在一座墳前哭得死去活來。因為該男子在墳前蜷伏著不動，哭泣了很久，看守墳場的人很好奇的對他說：

「墳裡的人是令尊嗎？或者是你的兄弟？」

該男子側過頭激動的搖搖頭。

「那麼……是你的妻子？或者是你的孩子？」

男子一面大哭，一面大搖其頭。

「那麼……是你的妹妹？或者是你的姊姊？」

男子仍然搖搖頭，一直在哭泣。

看守墳場的人按捺不住好奇心問：

「那麼，到底是誰呀？」

男子十分悲傷地的回答：

「他是我現任老婆的前夫！」

不合腳的鞋子

摩塞跟溫柔、標緻又勤奮的新婚妻子居住在一起。

想不到，摩塞竟然找上宣教師，要求跟新婚妻子離婚。

「我說摩塞啊！你到底有什麼不滿意的地方呢？她長得那麼標緻，性情又溫柔，又那麼勤奮的工作，你到哪兒去找像她那樣的妻子呀！」

聽了這一句話，摩塞一臉悲傷，脫下他右腳的皮鞋給宣教師瞧瞧說：

「您看吧！這是上等的皮鞋，使用最好的皮革製成。但是再上等也沒有用，因為不合腳嘛！」

老母親的約會

耶可夫八十歲的老母親一大早就顯得坐立不安，原來居住於附近的八十五歲老頭約了她去散步。

到了月上柳梢頭時，老母親打扮成花枝招展的模樣出門。

耶可夫自己燒晚飯，吃罷了晚飯，一面閱讀，一面等著老娘回來。誰知老娘遲遲不歸。十點、十一點、十二點鐘……超過了

子夜十二點鐘時，老娘方才打道回府。

「母親大人，約會的情形如何？」

母親跟出門時迥然不同，面帶慍色。

「母親，到底怎麼啦？」耶可夫又問了一次。

「那個糟老頭，前後挨了我三次揍！太豈有此理啦！」

「母親，他是否做了不可告人的事情？」

耶可夫想著居住於附近的老頭尊容，如此問老娘。

「他敢！正因為他不敢，我才揍了他三次。真是氣死人了！」

不能平均分配

一個婦女對宣教師說他的老公太沒有人性，因此要求批准離婚。不過，她也表示唯一叫她不敢輕易離婚的理由是她生下了九個孩子，而她跟老公都想分一半的子女，但是奇數的子女又如何平分呢？

宣教師的頭腦甚為靈光，如此提議說：

「那麼，就再維持婚姻關係一年吧！待再生下一個孩子以後，方才辦離婚也不遲。」

一年半後，宣教師又在街頭碰到了那個女人。

「如何？一切進行得很順利嗎？」

「哪兒話。」

「不過，我聽說妳已經生了孩子了。」

「嗯……孩子是生啦！可是這一次生的是雙胞胎呀！」

改變

「我結婚以後，跟老婆的關係改變了不少。」

「這話怎麼說呢？」單身的摩塞向友人耶可夫問道。

「一直到結婚為止，都是我在講話，莉莉認真的在一旁聽。結婚以後，換成莉莉一個人自說自話，我在一旁聽。可是經過三年以後，我倆都大聲的彼此叫罵，以致鄰居變成了聽眾。」

我是鋼琴家

二十世紀國際聞名的鋼琴家——塔馬雪夫斯基，有一次在某城市演奏罷，接受滿堂喝彩之後，回到了後台。

當他從後台步出走廊時，一個年輕婦女擋住他的去路，兩隻手抱著兩個孩子。

「塔馬雪夫斯基先生！」該女人叫了一聲。

塔馬停下腳步，看了女人一眼，但是他覺得她非常陌生。

「你還記得我嗎？約在一年半以前，你跟我度過了熱情的一夜。就因為如此，我生了這一對雙胞胎。」

塔馬正要去出席晚餐會，因此內心很焦急。

「那就恭喜啦！妳就好好的培養他們吧！」

塔馬說罷，並沒有仔細去想想那女人是誰，他只準備快速的走出去。

想不到那個女人卻追上了他，並且如此說：

「塔馬先生！我的父母前後亡故了，兄弟們又離散，我根本就無法生活，怎麼有能力養育這兩個孩子呢？拜託你，請給我一筆養育費好嗎？」

塔馬聽那女人如此的說，心裡認為可能自己真的做了那件事情。於是從口袋裡摸出幾張他演奏會的入場券，交給女人。

女人看了那些入場券後，歇斯底里的哭叫了起來說：

「塔馬先生，我需要的東西乃是養育這兩個孩子的費用。音樂會的入場券對我一點用處也沒有啊！我需要的是麵包呀！」

於是塔馬先生就這樣回答：

「那麼，在一年半以前，妳為何不跟麵包店的老闆過夜呢？」

太太對輸光了錢回來的賭徒丈夫大罵。

「你連上衣和手錶都輸掉了，這還成甚麼體統？」

賭徒丈夫不服氣地反駁：

「妳這女人真是傻瓜，妳想一想，上衣和手錶合起來才不過三十塊美金，但是剛才他們卻估了七十塊美金，明明我已經賺了一倍多了，妳還在囉嗦什麼？」

愈描愈黑

火車上，乘客問一位女教員：

「有幾個孩子？」

女教員誤以為問的是學生人數。

「一共有三十七個！」

乘客認為未免太不近情理，於是大笑了。可是女教員卻以為乘客是在嘲笑她教不了那麼多孩子，於是她胸脯一挺，振振有辭的說明：

「我說的是真話啊！你們不要把人看扁了？不過，是有三個男職員同時幫忙的！」

考慮周詳

有一對年輕男女在火車上認識，兩個人都要去莫斯科，由於路程實在太遠，火車在途中須要保養，乘客們非下車在小鎮旅館睡一晚不可。

當晚，他和她超越了最後一道防線，第二天早晨，兩人都有罪惡感，男的說：

「我現在就去找拉比懺悔，妳不要擔心。」

一會兒，男的回來，向女子說：

「拉比叫我向教堂捐獻一公斤燈油贖罪。」

「你捐獻了嗎？」

「捐獻了兩公斤。」

「那不是過多了嗎？」

「可是回程時，我們也非得再住一晚不可呀！」

手勢

猶太人在使用希伯來語做禱告時，有不能被世俗的會話中斷禱告的規矩，不過在萬不得已時，准許使用手勢溝通；但是，若為了宗教上的其他行事，才可以隨時中斷禱告。

深夜，有一位猶太人到旅館投宿，可是旅館已經客滿，只有一間雙人房還空著一張床。他進去一看，另一位客人是基督教徒，正在做禱告。

「對不起，我要使用這張床。」

對方點頭，繼續做禱告。

「我要出去，恐怕晚一點才回來，不要緊吧？」

對方又點頭，繼續做禱告。

「說不定還要帶女人回來，沒關係吧？」

對方伸出兩隻手指頭連連點頭，繼續禱告如儀。

猶太人不太懂基督徒的手勢就問對方：

「你這手勢是什麼意思？」

「呆子！我不是叫你帶兩個女人回來了嗎？」

解讀有誤

為了修行遊歷各地的猶太修士，半夜三更來敲村裡拉比的房門，請求留宿一夜，拉比非常熱情地接待他。

「你也看到，我的家是破舊的房子，而且我才剛剛結了婚；

但是神教我們不可以拒絕求助的人。進來吧！還有一些明天要吃的食物，你可以喫一半，我和我太太共睡一張床，將我的床鋪讓你使用。」

當各人上床之後，某急病家屬敲門，請拉比去一下。

因此，年輕修士和拉比的新婚太太留在一個房間，漸漸地氣氛變得微妙了。

兩個人都睡不著，一直在翻身。

突然間，修士跳起來細聲地說：

「請問……我可不可以？」

新娘用棉被蓋著臉，羞答答地說：

「嗯，如果你真的要……可是，我先先很快就會回來……」

「謝謝，我今天真的餓壞了！」

修士說完，立刻起床到餐廳去開始大吃特吃了……

計算方式

太太臨終時對丈夫說：

「親愛的，不把這一件事告訴你，我就去不了天國了，老實告訴你，艾立克並不是你的孩子。」

「什麼？那麼是誰的孩子？」

「是你公司合夥人理查的！」

「我才不信，那麼瀟灑的人為什麼會看上妳這種邋遢的女人呢？不可能！」

「因為我給了他兩千美金……」

「妳哪裡來的這一大筆錢？」

「是從你保險箱取出來的。」

「那，我就安心了，如此的話，艾立克仍是我的孩子！」

金錢與貞節

派比亞對好友洛斯托茨的美麗太太十分愛慕，可是洛斯托茨基夫人卻是一位貞節的女性。

最後，他說願以一千馬克換取一親芳澤的代價。

至此夫人沒法抗拒了，因為一千馬克的行情實在太棒了。

翌晨，派比亞去事務所，對正要出差的洛斯托茨基請求說：

「只要兩三個鐘頭就好了，請撥借一千馬克，在中午之前，我一定交還您太太。」

當天深夜，洛斯托茨基回家就問他太太說：

「派比亞今天是不是有來過？」

夫人大吃一驚，硬著頭皮回答說：

「是……是……是的。」

「是不是有拿給妳一千馬克？」

「是……是……是的。」

「好極了，想不到這個傢伙借錢竟然真的會守信用！」

夫人一聽，幾乎昏倒在地上……

第四篇 欲望的世界

■ 欲望是人類的本能。如果要追根究柢的話，欲望這個問題將牽涉到人類的本質論。其實只要稍微改變觀點，就不致感到這個問題很艱深，而可以視為直搗核心的笑話主題。猶太人就有很多這種類型的笑話。這表示他們很用心的在追求人類的本質，以致能夠利用笑話的形式探討所謂『欲望』的問題。

精打細算

一個猶太人走入紐約一家銀行。

他來到貸款部門，並且大模大樣的坐下來。

「您有什麼事情嗎？」

貸款部門經理瞧著猶太人身上豪華的西服、高級的皮鞋、昂貴的手錶、袖釦，以及領帶夾。

「我想借錢……」

「那麼，您要借多少錢呢？」

「一美元。」

「只要借一美元嗎？」

「是啊！只借一美元，可不可以？」

「當然可以啦！只要有擔保，馬上就可以借您一美元。」

「好吧！這些擔保可以嗎？」

猶太人從豪華的皮包裡取出了一堆股票、國債等等，放在經理的桌子上。

「總共約值五十萬美元，這個數目夠嗎？」

「當然夠啦！不過，您真的只要借一美元嗎？」

「是啊！」說著，猶太人接下一美元。

「年息為六%。只要您付出六%的利息，一年後歸還一美元的話，我們就可以把這些股票還給您。」

「謝謝您啦！」

猶太人以德國口音說出這句話以後，就準備走出銀行。

在一旁冷眼旁觀的分行行長實在弄不清楚擁有五十萬美元的

人，怎會來銀行借一美元？因此慌慌張張的追上猶太人說：

「啊……這位先生……」

「有什麼事情嗎？」

「我實在弄不清楚，您擁有五十萬美元，為什麼只借一美元呢？如果您想借三、四十萬美元的話，我們還是會很高興借給您的……」

「您不必為我操心。只是我來此之前問過好幾家金庫，誰知他們保險箱的租金都很昂貴，所以嘛……我就準備在銀行寄存那些股票，因為租金太便宜啦！一年只要花六分美元！」

遺產的繼承

羅傑斯男爵家的主人過世了，來自全歐洲各地的人來參加他的盛大葬儀。在舉行葬儀的期間內，在葬儀場的一角，有一個男人哭得很悲慘。

當葬儀舉行完畢時，羅傑斯家的一員問該男子：

「您認識羅傑斯男爵嗎？」

該男子猛烈的搖搖頭，哭得更為悲慘。

猶太人分散於世界各地，有人認為他很可能是羅傑斯家分散在南美的親人。

「那麼，您是男爵家族的一員嗎？」

該男子哭得更為厲害。待他哭倦後，這才抬起頭來說：

「正因為我不是羅傑斯家的一員，方才會放聲大哭呀！」

不能入睡的人

耶可夫借給亞瑟五百美元。明天上午就是還錢的期限，然而亞瑟身上連五毛錢都沒有。耶可夫在三天前就不停的提醒亞瑟，再過幾天就得還錢了，而且耶可夫也一直重複盯著「到時，我一定會還給你」的那張借據。

到了明天上午，耶可夫必定會來取錢……想到此，亞瑟根本就睡不著，恰有如一隻困獸似的，在房裡踱過來又踱過去。就如此經過了一、兩個小時。

「你為什麼不睡覺呢？」老婆莉貝問老公。

「我向耶可夫借了錢，明天上午非還給他不可！」

「你身上有錢嗎？」

「我連一個子兒也沒有呢！」

「既然那樣，你就睡覺吧！整夜不能入睡的人將是耶可夫，而不是你。」

殘餘的可能性

兩個宣教師在交談。

「那些富有的人們為何吝於捐款給殘廢者及窮困的人呢？」

「那是想當然耳的事情。富有的人們都是利己主義者。他們或許能夠想像自己變得貧窮，或者殘廢，但是絕對不可能想像自己變成學者。」

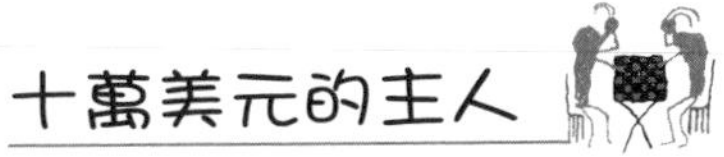

十萬美元的主人

愛沙克有一天在紐約電話亭裡撿到了十萬美元，然而他並不交給警方，擅自侵佔了它。

可是在不久以後，他就被警察抓到了。

「你為何不把十萬美元拿給警方呢？」警察問愛沙克。

「如果那些錢真的是屬於窮人的，我早就還給他了！不過擁有十萬美元的人，可絕對不窮……」

愛沙克理直氣壯地回答。

富翁的遺書

喬修亞素以吝嗇聞名。正因為他畢生都很吝嗇，以致存下了一筆莫大的財產。

有一天，喬修亞病得非常嚴重。醫生說只要流一身汗就可以撿回一條老命，但是，醫生使盡了渾身解數，都無法叫喬修亞冒汗。所以嘛……他鐵定會死翹翹啦！

最後，有人為他請來了宣教師。

喬修亞向宣教師吐露他曾經犯過的罪，再準備立下遺言。

「咱們的猶太教會已經陳舊了，有重建的必要……」宣教師開始說話。

「那麼，需要多少錢呢？」喬修亞上氣不接下氣地問。

「大約需要二十萬美元。」

「好吧！那就請您在遺書裡寫上，我願捐出二十萬美元重建猶太教會。」

「我說喬修亞呀！教會也需要一座圖書館。其他教會都有圖書館，唯獨我們的教會沒有圖書館。」

「修建圖書館要多少錢呢？」

「大約三萬美元。」

「好吧！為了修建圖書館，我願意捐出三萬美元。」

「為照顧父母都在工作的孩子，我們還需要一個托兒所。」

「需要多少錢呀？」

「大約需要兩萬五千美元。只要您肯捐出那一筆錢，那些父母們都可以放心的上班。」

「好吧……那麼，請您寫下我願意捐出兩萬五千美元興建托兒所。」

到此，喬修亞面孔上的痛苦表情逐漸消失，表情逐漸變得和悅起來。

「喬修亞，如今您也知道為人設想是一件很愉快的事情吧？您的面孔也改變啦！您可以安詳的進入天堂……對了，教會想為青少年建造游泳池……」

喬修亞似乎滿臉喜悅。於是，宣教師有一點興奮的說：

「您也出錢修建游泳池好嗎？」

「稍等一下！您不要再說啦！我已經開始冒汗啦！」

摩塞斯進入了紐約市的公共廁所。

待他坐在馬桶上一陣子以後，發現沒有衛生紙。於是他隔著一面木板，對隔壁的男子說：

「對不起哪！您那一邊有衛生紙嗎？」

一陣很失望的聲音回答了他：

「這邊也沒有啊！我正為此感到一籌莫展哩！」

「請問，您有沒有報紙或者雜誌之類？」

「就連報紙、雜誌也沒有啊！」

「那麼，我用一張十元美鈔跟你兌換小鈔好嗎？」

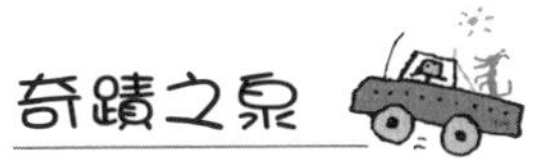

所羅門在橫越紐約街頭時，被一輛汽車撞了。

開車的人認為只輕輕地撞到所羅門，但是所羅門卻蜷伏在那兒，完全不能動彈。他終於被送進醫院，一個月後，法庭為這起車禍舉行審判。法庭的判斷是——所羅門從頸部以下的部分完全癱瘓。不過，診斷過他的醫生都說所羅門很健康，根本就沒有癱瘓的現象。

然而，是否真的痲痺？從外表很難以下判斷，以致所羅門的索賠被獲准，加害者付給所羅門五十萬美元。這也是基於——黃燈亮起來時，加害者仍然闖過十字路口的緣故。

所羅門在他妻子的協助下躺在擔架上面，搭乘救護車回家。

一回到家，所羅門就在房間裡蹦跳了起來，大喊著：

「哇！咱們變成有錢人啦！」

他的妻子蕾姬頗不以為然的說：

「我說所羅門啊！諒必你也聽到審判長所說的話了吧？如果

萬一他發覺你根本就沒有癱瘓的話，他就會取回那五十萬美元，而且還要以偽證罪的名義判你坐牢哩！在這種狀況下，就算有了五十萬美元又有什麼用呢？」

所羅門自信滿滿的對蕾姬說：

「安啦！我倆可以大大方方的使用那五十萬美元。待我倆取得五十萬美元後，就立刻搭乘救護車到甘迺迪機場，搭乘班機到法國的『魯魯多』（天主教徒聲稱聖母瑪利亞在那兒顯聖帶來一道泉水。此道泉水能治好各種疾病），因為在那兒發生了奇蹟，所以我就完全痊癒了！」

沒有道理

摩塞斯被納粹黨追捕，最後抵達了美國。

他抵達紐約後，帶著朋友為他寫的介紹信拜訪某人。

「拜託您！請借給我五十美元好嗎？」當對方看完信時，摩塞斯如此的說。

「但我根本就不了解你的為人，怎能借你五十美元這筆不算小的數目呢？」

聽到了這句話，摩塞斯很憤慨的說：

「在德國時，因為大夥兒了解我的為人，所以嘛……沒有人敢把錢借給我。想不到抵達美國以後，人們卻以『不了解我的為人』為理由，不肯把錢借給我！真是太豈有此理啦！」

物價波動的美國

最近美國的物價波動得好厲害。

上週一個二毛五的漢堡，到了這週突然上漲到三毛五。其他像香菸、香腸、鞋子，其至公車票，無一不在上漲。

阿賓病得很厲害，他也知道自己的日子不多了。

不過，他在友人的介紹下，給一位醫生診察。醫生對他說，三年後將有根治那種疾病的藥物問世了，勸阿賓冬眠三年。

當天，阿賓在洗完澡以後，醫生替他打了幾針，然後就被放入冰庫，再移入醫院的冬眠室。

到了第三年，治療阿賓疾病的藥品問世，於是阿賓就被帶出冬眠室，恢復了意識。

待服用過藥品之後，阿賓的病就完全痊癒了。病好以後，他的第一件工作就是打電話到證券公司。

「喂！我是阿賓，我的股票到底怎麼啦？」

「阿賓啊！你的病好了嗎？那太好啦！」

「不要再說廢話啦！告訴我，我的股票到底怎麼啦？首先，你告訴我『將軍家電』的股票吧！變成多少啦？」

「一股五十美元。」

「哇！是真的嗎？三年前我以一股十美元買下來的。那麼，波音又如何呢？」

「波音嗎？一股兩百美元。」

「天哪！我是以一股三十美元買進的。我總共買了一百股，看起來相當有賺頭哦！那麼，ＩＴＴ又如何呢？」

「一股兩百八十美元。」

「真的嗎？我是以四十五元買下來的。我也買了一百股，賺頭不會太少哦！對了！『菲利浦』呢？」

「現在是一股一百八十美元。」

「哇！太棒啦！我是以三十美元買進的。如此一算，我總共可賺多少錢呢？」

阿賓想放下電話，計算自己能夠賺多少錢。

不過，他先問了一下總機：

「總機小姐呀！電話費一共多少錢呀？」

「總共四百美元！」

「老天，怎麼會那麼貴！」

「先生，難道你不知道這是物價波動的美國嗎？」

我還很清醒

一個婦女進入精神醫院裡，說了一大堆自己的症狀：

「大夫呀！最近我睡不著覺。白天會產生種種幻覺。例如——我那死去的老公會現形，赤裸著身子吃香蕉，雖然現在是炎夏，但是他卻在我家門前的路上溜冰，嘴裡唱著送葬的曲子。這是我老公生前不曾有過的現象。」

而且啊！她還說，自己所飼養的狗兒突然變成紫色！甚至連她飼養的金魚突然都飛到空中！

聽得精神科醫生心驚肉跳！

「哇！妳的症狀真是太嚴重了啦！我說這位太太，在妳對我訴苦以前必須繳五十美元。」

「天哪！你是強盜不成？我可沒有瘋到那種程度哩！我還很清醒呢！」

女人說罷，氣咻咻的走出了醫院。

聰明與愚蠢

在西元前七十三年，羅馬軍隊破壞了耶路撒冷的神殿，把所有的猶太人帶到羅馬當奴隸。在這些奴隸裡面，有一個腦筋非常靈光的男子，以致羅馬主人一直很重用這名奴隸。

有一天，身為國會元老級議員的羅馬主人對奴隸摩塞斯下達命令說：

「我說摩塞斯啊！你就把那些跟我有關係的人分成聰明與愚蠢兩種，列一份名單給我吧。」

幾天後，摩塞斯把名單交給主人。

主人很仔細的瞧著愚蠢者的名單，再如此說：

「嗯……基凱洛、布魯達克、西尼卡……不錯，的確都是一些蠢貨！」

不過，他卻在名單的最後發現了自己的名字，立刻感到非常的不以為然。

「名單上所列出的人，的確都是一些蠢貨。可是，連我的名字也非得列出來不可嗎？」

摩塞斯如此的回答：

「主人，您向來的確都很聰明。一直到今早為止，我都是如此的認為。想不到今兒個有個商人從希臘來，主人您卻跟他談起了穀物的買賣，而且又預付對方三十枚金幣。」

「不過，那個商人一旦回到希臘就會把貨物送來，你不是也聽到那句話了嗎？」

「不過我認為那個希臘商人回國後，不可能把穀物送來。如果他真送來的話，我就把愚蠢者名單上的主人名字消掉，再把希臘商人的名字填上去。」

殺價

阿布拉進入一家商店，開始殺價。本來賣十五美元的貨物被他殺到十美元，甚至再降到九元九毛七。他仍然不感到滿足，希望能夠再降到九元九毛六。

店員表示：

「這已經是最低限度，不能再降啦！」

想不到阿布拉一點也不死心，仍舊堅持降到九元九毛六。

店員也毫不妥協的說：

「絕對不行啦！到此為止，就是連一文也不能再降啦！」

但是，阿布拉硬是不從。

店員終於如此的說：

「客官，為了一分錢而爭執，實在太無聊啦！說實在的！絕對不能再降了，而且您一向都是用賒帳的，差一分錢又算得了什麼呢？」

想不到，阿布拉卻如此的回答：

「我之所以拼命的殺價，無非是我太喜歡這個店鋪啦！多殺一分錢，逢到我賴帳時，貴店的損失不就可以減少一分錢了嗎！」

一萬盧布的價值

結婚介紹人對青年男子說：

「以我長年當介紹人的經驗來說，擁有一萬盧布嫁妝的新娘可說極為少見。而且啊！她是一位很好的姑娘家。」

「哇！一萬盧布真要得！你可以讓我瞧瞧她的照片嗎？」年輕人閃亮著眼睛急急地說。

「什麼？你要看照片？既然有一萬盧布以上的嫁妝，哪能讓你看她的照片？」

理所當然

在紐約開一家西服店的多賓雖然相當富裕，但是卻以吝嗇聞名，連對家人也十分苛薄。

這一天打烊之後，他到了附近的酒吧叫了一杯威士忌，慢慢地，一小口一小口的在啜飲。

不久以後，他的朋友所羅門也來到了飯店。

「俺那個黃臉婆實在叫人受不了，一天到晚向俺要錢。」

多賓對所羅門發牢騷說：

「前天她向俺要一百五十美元，昨天早上又要八十美元，今兒個又要一百二十美元。」

「噢……尊夫人都把那些錢用到哪些方面呢？」

因為所羅門深知多賓很吝嗇，因此很驚訝的問他。

「天才曉得她要把錢用到哪一方面呢！不過，我連一分錢也沒有給她。」

壽險高手

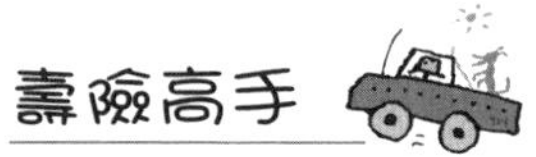

某處有一家壽險公司。

摩修就是在那家保險公司打工。因為摩修的業績很優秀，所以嘛……上級人員在經過會議後，提拔摩修為正式職員。

不過，有個叫人頭痛的問題。那就是——這家公司的上級人員都是天主教徒。

於是，董事長在會議席上如此說：

「各位，摩修的確具備成為本公司上級人員的資格，不過他是猶太教徒。我認為讓猶太教徒加入我們的陣營實在不妥。」

如此一來，天主教徒的常務董事站起來說：

「我認識一位很聰明的神父，他就是居住於鄰街的麥卡蘭神父。我相信麥神父一定能使摩修改信天主教。」

聽了這句話，全會議室裡的人們都點點頭。

於是，麥神父被請來了。

他叫摩修進入客廳裡，談了三個小時還沒有出來。

經過三個小時後，麥神父方才走了出來。

待神父走到會議室時，每一個人都對他說：

「謝謝您！」

神父卻是一臉的茫然。

董事長也擔心的問：

「神父，您成功了嗎？」

「哪兒話。看情形還需要一些時間呢！不過摩修先生剛剛已經推銷十萬元的保險給我了。」

智慧的效用

兩位宣教師在交談。

「智慧跟金錢，哪一種比較重要呢？」

「當然是智慧比較重要。」

「如果說智慧比較重要的話，有智慧的人為何要為富人做事呢？而富人卻不為有智慧的人做事？如你所見，學者、學家老是在討好富人，而富人卻對有智慧的人露出狂態呢！」

「那是很簡單的一件事情呀！有智慧的人知道金錢的價值，而富人卻不懂得智慧的重要呀！」

上乘的購物方式

摩修牽著他在市集購買的馬兒回家。他一走入屋裡，就對妻子米莉安說：

「今兒個我在街頭向狡猾的吉普賽人買了一匹馬兒。如果他是一匹好馬的話，通常的價錢為五十盧布，我卻只用二十盧布就買下啦！」

「哇！那太好啦！二十盧布就買下一匹好馬兒。」

「不怎麼好呢！因為牠是一匹小馬兒。」

「哦？那……牠並不好囉？」

「哪兒話，牠很強健哩！」

「噢……小巧而強健，那敢情好。」

「不怎麼好呢！馬兒跛著腳。」

「什麼？跛腳？那就不行啦！跛腳的馬兒拉不動粗活啊！」

「哪兒話！我已經從馬兒的後蹄拔掉了一根小釘子，又擦了藥。現在馬兒已經很會跑啦！」

「如此說來，你是用二十盧布買了一匹好馬囉？你的運氣實在太好啦！」

「不怎麼好呢！我弄錯了，交給吉普賽人五十盧布哩！」

「天哪！吃大虧啦！這哪能算以二十盧布買了一匹馬呀？」

「哪兒話！當然可以算哩！因為我給吉普賽人的五十盧布是假鈔呢！」

以牙還牙

蘭畢克是市內首屈一指的富翁，可是卻以吝嗇聞名。

有一天，蘭畢克著了涼，拖了一陣子，以致發了高燒。他在嚇壞之餘跑進醫院。醫院的大門旁牆壁上寫著——初診費十美元，複診以後為五美元。

於是，蘭畢克在看醫生時就叫著：

「俺又來啦！」

醫生取出了聽診器，很慎重地為蘭畢克診察。醫生看看喉嚨深處，眼睛裡面，耳朵裡面，再針對病狀，展開必要的詢問。

待診察完畢時，醫生如此地說：

「就跟上次一模一樣！」

放高利貸的父親

小學教師達畢第正在教數學。他指著摩修說：

「如果我向你的父親借了一百盧布，還給他五十盧布的話，我還欠他多少錢呢？」

「什麼？老師向我老爸借了一百盧布？」

「哪兒話，這只是一個比喻罷了。假設我向他借了一百盧布，還了五十盧布，那還欠他多少錢呀？」

「那……還欠他一百盧布。」摩修挺起胸膛回答。

「你好好聽著！借一百盧布，已經還了五十盧布，到底還欠他多少呀？」

「還是一百盧布啊！」

達畢第稍微失去耐性，以致提高了聲調。

「你呀！根本就不懂得減法嘛！學了那麼久，連這麼簡單的題目都不會？」

「哪兒話。我的算術很不錯哩！只是老師你實在太不了解我老爸罷了！」

第五篇
買賣的世界

■ 猶太人做買賣時並不寫所謂的契約書。他們認為語言就是真實的表現，因為一旦說出了一句話，神就會把它記錄下來。所以，猶太人做起買賣來非常認真。正因為非常認真，而產生了很多有關買賣方面的笑話。

你現在不是已經變聰明了？

一個肥胖的愛爾蘭警官進入紐約的猶太餐館。

老闆西門出來招待時，警官問：

「猶太人的腦筋為什麼特別靈光呢？是否有啥祕密？能不能透露一下？」

那位警官一向很粗暴，同時西門也認為不必把猶太人的祕密洩漏給基督徒的白人警察。

於是他就如此說：

「猶太人的腦筋所以特別靈光，乃是每天晚餐時，都會吃醋醃鯡魚的緣故。」

從此以後，警官每到六點鐘都會按時到餐館吃醋醃鯡魚。

不過到了第六個月的某一天，警官進入餐館後並不吃醋醃鯡魚，反而板著一張面孔走到西門面前說：

「好啊！你一直以四毛錢賣給我一盤醋醃鯡魚，但是價目表上卻寫著兩毛五，你為何把我當成冤大頭呢？」

聽了這一句話，西門不慌不忙地回答他說：

「我沒有騙你吧？醋醃鯡魚已經發生效用啦！」

幸運的傢伙

一個客人走到阿布拉擺香菸攤的地方說：

「你給我一支上等的雪茄吧！」

阿布拉給客人一支雪茄，接過了一枚五毛錢的錢幣。

客人點上了火，深深的吸了一口。接著，猛烈的咳嗽。

「喂！賣香菸的！世上怎麼有這種差勁的雪茄呢？俺從來就不曾抽過這麼差勁的東西！實在太差勁啦！」

「哪兒話，客人您還算幸運的哩！」

「你說什麼？」

「您想想看！您只拿到一支差勁的雪茄，而我呢？整整還有二十打哩！」

售貨的技巧

西服店的老闆老艾擴大了店面，為了僱用一名店員，他在報紙上面刊登廣告。

翌日早晨，廣告被刊登出來時，立刻有一名青年來應徵。年輕男子說——他前後銷售過汽車、百科辭典、牙刷、化妝品、寶石以及不動產等等，而且一直吹噓只要在數秒鐘以內，他就能夠把商品賣給客人。

就在這個節骨眼兒裡，有一個客人進來。

「請進！您要什麼東西呢？」老艾說著，站了起來。

想不到前來應徵的青年拉了一下老艾的衣袖，並且再使使眼色，暗示由他來對付客人。

可是，老艾一臉寒霜不理會他，自己去應付客人了。

「我想要買一套現成的西服，有沒有正統的樣式？」

「當然有啊！就有不少很適合您的款式。」

老艾在問過尺寸以後，取出了一套給客人試穿。

「哇！客官哪！這套西服彷彿是為您縫製似的！不管您在相親、參加婚禮、上下班，以及週末逛街時穿起來都很合適。」

客人瞧著鏡子裡面的自己，疑惑萬分的說：

「此話當真？」

老艾把手兒放在客人肩膀上面，使客人側面對著鏡子，再故作驚人之語：

「哇！這個角度看起來，簡直跟克拉克·蓋博一樣！太棒太棒啦！噢……您肩後面的角度看起來更帥！實在太帥啦！」

老艾一面誇耀、一面胡扯，一面推著客人的身子在鏡子前面團團轉，他自己也跟著客人旋轉。

應徵青年在一旁以無聊的眼光觀看了一會兒。接著，他到店裡面取來一套不同款式的西服。

老艾仍然跟著客人在鏡子前面旋轉，一直在說著奉承的話：

「……客官哪！這個角度甚妙！你以為如何？噢……這個角度也很好……」

這時，應徵的年輕人插入他倆的中間，幾句話就把那套不同款式的西服賣給了客人。

待客人走出去以後，年輕人沾沾自喜地對老艾說：

「您看到了吧！我是不是天才的售貨員？」

但是老艾卻一點也不服氣，他振振有辭地說：

「那麼，你以為是誰搞得他頭暈目眩的呢？」

名人的葬禮

西服店老闆耶可夫為了購買布料，單獨一個人到外地旅行。

其中的某一天，他在猶太人村落裡的小旅館過夜。

到了天亮，耶可夫腫脹著一張睡眠不足的臉孔到樓下結帳。

「我從來就不曾住過如此爛的旅館！」

「到底發生了什麼事情呀？你怎麼說那種話呢！」

旅館的主人以不高興的口吻說。

「昨兒個，我睡的床上有一隻死虱子。」

聽到了這句話，主人放大了嗓門說：

「客官哪！你也實在太挑剔啦！連一隻死虱子你都要抱怨。死虱子根本就不會咬人啊！牠也不會妨礙你的睡眠，你大可不必為此找碴啊！」

海館的主人揉著眼睛準備走到後面。

「你聽我把話說完嘛！」耶可夫大叫了起來：「當然啦！死虱子並不會咬人，也不會跑來跑去。只是，死去的那一隻虱子很可能是個『名人』，因為有很多親戚、友人集合在一起，整晚為了死虱子舉行著盛大的葬禮呢……」

惡臭的來源

一個阿拉伯人在巴黎的街道旁出售地毯。

「先生們，這些地毯是我從祖國帶來的，你們要不要購買？」

一個法國人停下腳步瞧瞧。的確，那些都是很漂亮的地毯，於是他就問阿拉伯人地毯的價錢。

「這一條最高級，售價為五百法郎。那一條的話，只售三百五十法郎，因為必須耗費三個月才能夠織成。至於那邊的地毯嘛……」

「啊！我不要買啦！」法國人皺起了眉頭：「哇！地毯有種難聞的味道！」

阿拉伯人拼命地搖著頭解釋道：

「噢！不！不！地毯根本不會臭。臭味的來源是我……」

一個旅行者來到了赫爾姆市購買了十個蘋果、十條香蕉。兩種水果的價錢相同，十個賣七毛錢。

旅客取出一塊四給女店員。

想不到女店員說：

「客官，您算錯啦！您多給了三毛錢。」

「哪兒話，七加七不就等於十四嗎？」

「客官您全盤弄錯啦！七加七就等於十一。客官哪！您諒必不是本地人吧？」

「……我只是偶然經過此地的旅行者罷啦！妳怎麼知道呢？」

「因為在這個市鎮裡面，七加七是等於十一。」

「這……我就不懂啦！」

「舉一個例子來說，我跟老公都是再婚的人。我帶著四個跟前夫生的孩子，我老公也帶著四個跟前妻生的孩子。我倆結婚後又生了三個孩子。所以嘛！我們彼此都有七個孩子。正因為如此，老公跟我自己各有七個孩子，而我們加起來總共剛好是十一個孩子。」

交易

考恩是一家西服店的老闆。

有一天，居住於鄰市的考巴克訂了一批數量不少的衣服。

於是，考恩就寫一封信給考巴克說：

「承蒙眷顧，實在感激不盡。很高興您訂了一批貨。不過，有一件事情我必須聲明在先。上次您訂的貨已經交了好久，您的貨款卻遲遲未付。所以嘛！必須等到您付了上批貨的貨款以後，再接受您的訂貨。」

不久以後，考巴克寫來一封信說：

「那實在太遺憾啦！我們這批貨急著要，不能等太久，因此只好向別家西服店訂貨了。」

馬糞香菸

阿布拉在某市經營香菸工廠。

由於阿布拉製造的香菸很難抽，有一種濃重的怪味道，因此大夥兒都戲稱那是摻有一半馬糞的香菸。隔了很多年以後，阿布拉變得老邁，臨終前躺在床上。

這時，市內的民眾很後悔戲稱他製造的香菸含有一半馬糞，於是派一位代表去向阿布拉致歉：

「阿布拉先生，我們對您非常過意不去，戲稱您的香菸摻有一半馬糞，甚至叫它為『馬糞香菸』，實在非常的對不起您……」

想不到，阿布拉卻喘著氣說：

「的確，大夥兒都中傷過我製造的香菸。不過，實際上並非一半是馬糞，而是全部都是馬糞哩……」

難倒了鸚鵡

亞瑟是一名魔術師，他有一隻名叫龐比會說話的鸚鵡。

龐比表演的節目都非常成功。雖然亞瑟在魔術方面很有天分，但是大半的功勞要歸龐比。

經過了三、四年後，龐比的腦筋更為靈光了。到了最近，只要相同的魔術表演三、四遍，龐比就知道戲法的祕密在哪兒，以致在亞瑟表演完魔術以前，就會大聲的對觀眾說出戲法的祕密。每逢龐比如此做，亞瑟就會感到異常尷尬。

他想——如果這樣繼續下去的話，他必定會失業，可是他也感到無計可施。

不管亞瑟如何的懇求龐比，牠口頭上雖然會答應：「我不會說，我不會說……」但是一開始表演以後，他耗費兩、三天方才想出的戲法又會被龐比洩漏出去。

友人耶可夫看到亞瑟絕望的樣子，熱心的對亞瑟說：

「聽說以色列的耶路撒冷有一位很聰明的宣教師，你不如去請教他，他一定會給你指點迷津的。」

翌日，亞瑟寫信給耶路撒冷的宣教師，對他說明自己的問題，表示要到以色列去拜訪他。

兩星期後，宣教師回了信，叫亞瑟到以色列跑一趟。

亞瑟就帶著龐比搭船朝以色列出發。

想不到在中途碰到了颱風，空中發出了閃電，船隻有如樹葉一般的被翻弄。

大於船隻五、六倍的波浪不停的湧過來。不久以後，船底發出了啪啦啪啦的聲音，船隻就裂開為二，接著很快的下沈。船員以及乘客都尖叫著，在甲板上面跑過來跑過去尋找能夠漂浮的東西。亞瑟也發出尖叫，跑過來奔過去，但龐比卻非常的鎮靜。

船隻終於下沈。

颱風過後，海面又恢復了平靜。

亞瑟帶著龐比很幸運的坐在救生艇上面。但是救生艇上面只有亞瑟和龐比而已，環顧廣闊的海面，始終看不到島嶼以及同船的人們。

「還好，龐比，我倆得救了。」亞瑟如此的說。

但是，自從發生颱風到現在，龐比一直沒有說過半句話。

太陽就快下山啦！亞瑟沈不住氣的叫了起來：

「我說龐比啊！就說一些話兒吧！在這麼廣闊的大海當中只有咱們兩人，實在太寂寞啦！是不是那一場颱風把你嚇得說不出話了呢？」

可是，龐比卻仍然一句話也不說，只是用牠那圓而大的眼睛凝視亞瑟。

夜空很美麗，星星灑滿天空，圓盤似的月亮出來了。

「拜託你，龐比，你就說說話兒啊！你是不是被颱風嚇得不會說話啦？」

到此，龐比方才開口說：

「嗯……我實在想不透，這次你老兄到底把船兒藏在哪兒了，你這個戲法實在叫人無法猜透，我服了你了！」

瞌睡偵探

西門是一個糊塗的私家偵探。他老是會在工作當中打瞌睡，以致再也沒有人肯僱用他了。

西門有一個名叫阿布拉的老朋友住在鄰市。此人經營寶石生意，而且做得非常成功。不久以後，也到西門居住的市鎮開了一家分店。

阿布拉是西門的朋友，但是他並不知道西門這個人「惡評如潮」，以致拜託他負責分店的警衛。

對西門來說，這是好久以來的第一件差事，而且每天又可以賺到三十美元，因此他索性住進分店裡面。

剛開始的一週，並沒有小偷潛入，很平安的過去了，西門盡可能在白天睡覺，夜晚就擔負起了警衛的工作。在這段期間內，由於根深柢固的習性，他打瞌睡了兩、三次，但是剛開始的一星期卻也平安無事。

到了第八天的夜晚，當西門在店裡的長椅上睡覺時，偷兒摸了進來，盜走了價值好幾萬元的寶石。

雖然保了險，但是保險金並非很快就能夠拿到，而且商品的數目一旦減少，總是會產生種種的麻煩。

阿布拉看在朋友的份上，原諒了西門一次，他聲明如果再發生類似的事情，就只好叫西門走路。

西門發誓再也不打瞌睡，可是他也不敢保證自己在擔任警衛的時間內，偷兒不會摸進來，於是用盡了儲蓄，購買了一台四百美元的日製自動攝影機。

他在陳列棚架上面放置一些小裝飾隱藏那台自動攝影機，以便萬一自己睡著時，還能夠拍攝到偷兒的容貌。

只要逮住偷寶石的賊兒，他的評價無形中就會增高，再也不會被戲稱為糊塗偵探。於是做下了最大的決心，絕對不在警戒時間內打瞌睡。

第一天與第二天，西門在完全不曾入睡的情形下迎接了早晨，但是到了第三天，他還是進入沈沈的夢鄉裡面。

到了早晨，西門睜開眼睛時，發覺外面清冷的空氣流入店裡面。再張大眼睛仔細一瞧，窗戶的玻璃被打碎了，有很明顯的賊兒侵入的痕迹。

「完啦！偷兒又進來啦！」

西門叫了起來。他打開了電燈，拿起了攝影機想找出線索。

萬萬叫人料想不到，飾品全部沒有遺失，但是他傾盡所有積蓄購買的照相機卻被偷走啦！

猶太人很熱中於教育。如果沒有取得博士的頭銜，就會被認為趕不上時代潮流。是故，父親縱然自己不曾受過高等教育，仍然會把兒子送入大學攻讀。喬修亞移民到美國後，在一座小城跟朋友合開一家西藥房。由於他本身是一個移民，沒有受過什麼教育，是故，他把賺到的錢全部投資在兒子身上。

他的兒子進入紐約的哥倫比亞大學攻讀。

放暑假時，兒子耶可夫回到了老家。

「你在大學裡學了些什麼東西呀？」喬修亞問兒子。

「我攻讀社會學、經濟學、人類學、近代美國史、政治學，以及道德學。」

兒子說出的那一大串詞兒裡面，喬修亞只懂得最後那一句「道德」。

「噢……是道德嗎？關於道德的問題，我也知道得不少。事實上，我現在正面臨一個無法解決的道德問題，為此而感到甚為煩惱。」

「爸爸，您不妨說來聽聽。」

「好吧！在過去十五年之間，有一位客人每天必定來店裡購買一份紐約時報，以及一盒駱駝牌香菸。他一定會在九點稍早一些光臨。每一次他總是給我一美元。長久以來我已經習慣了，所以嘛！早晨開店門時，總是會準備一份紐約時報，一盒駱駝牌香菸，以及準備找給他的五毛錢。今天早晨，這位客人又按時光臨。我跟平常一樣，交給他一份紐約時報以及香菸，接過了他給的錢以後，找給他五毛錢。不過，當客人回去，我準備把一元美鈔放入收銀機裡面時，方才發現那是一張十元鈔票。原來，那位客人錯把十元當成一元使用。我就是為了這個問題而煩惱著。我是否應該把誤收十美元這件事，告訴合夥的朋友呢？」

經濟原理

在某一個市鎮裡，宣教師跟一名教師在交談。

「這個世界充滿了矛盾，就連這個市鎮也不例外。富有的人能夠以記帳的方式購買東西，而貧窮的人為何必須使用現金交易呢？」教師對宣教師如此說。

「這件事情很簡單呀！富有的人多的是錢，貧窮的人卻是沒有錢。因此，商店如果以記帳的方式跟窮人交易的話，商店不倒閉才怪。」

宣教師如此的回答。

「不過話又說回來啦！正因為富有的人有的是錢，很適合於現金交易，而窮人沒有錢，事後方才付錢又有什麼不可以呢？最需要用記帳方式買賣的是窮人，而並非富有的人呀！」

「你呀！為什麼到現在還不懂呢？如果信任沒有錢的窮人而賣給他們東西的話，商店的老闆就會個個破產而變成窮人啦！」

「你才不懂呢！一旦商店的老闆變成窮人的話，他們就可以使用事後付帳的方式買東西了呀！」

賺錢之道

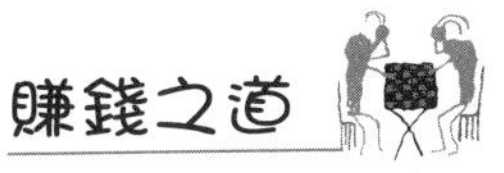

修華茲是紐約城裡很成功的生意人。

現在，他跟友人法蘭凱在羅斯福飯店吃午餐。在用餐的當兒，他從口袋裡取出一個紅寶石戒指給法蘭凱瞧瞧。

「你看，這個戒指漂不漂亮？上次我去委內瑞拉時順便買的。後天就是我老婆的生日，我想把這個戒指送給她。」

「乖乖，真漂亮，你用多少錢購買的呢？」

「一萬兩千美元。」

法蘭凱把戒指拿在手裡，非常高興的說：

「那麼，你就以一萬四千美元把它賣給我吧！」

修華茲稍微想想，他認為可以多賺兩千美元，於是就把戒指賣給了法蘭凱。

法蘭凱歡天喜地的拿著戒指回去。

另一方面，修華茲在回到辦公室以後，左思右想，認為紅寶石戒指最適合於當老婆的生日禮物，以致又打電話給法蘭凱說：

「喂！喂！是法蘭凱嗎？我還是認為送那個戒指給老婆最為妥當。我可以付給你一萬六千美元，你就讓給我吧！」

在電話那邊，法蘭凱稍微考慮了一下。他如此的想——僅僅在三個小時裡面就可以賺到兩千美元，實在很划算，因此隔著電話說：

「好吧！那我就叫祕書把戒指帶給你。」

說完，就把電話掛斷了。

這麼一來，紅寶石戒指又回到了修華茲身上。法蘭凱的祕書帶來戒指時，修華茲的朋友哥伯德正在那兒。他看到了紅寶石戒指就說：

「哇！太漂亮啦！你能不能割愛？就賣給我吧！」

「多少錢你才肯買呢？」

「你要多少錢才肯放手呢？一萬九千美元如何？」

修華茲決定把它賣出去了，哥伯德就帶著戒指回去了。

不久以後，法蘭凱又打電話來說：

「修華茲，想來想去，我還是要那個戒指。我就讓你賺兩千美元，你再把它賣給我吧！」

「那太不湊巧啦！哥伯德把戒指買走了啦！」

「修華茲，你笨透啦！我倆在一個下午裡，彼此賺了好幾千美元，想不到你卻把戒指賣出去了！如果我倆每天如此繼續下去的話，不久以後，我們就會變成大富翁了呢！」

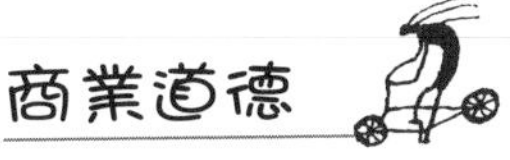

商業道德

某一個市鎮的宣教師因為生活困難，只好到大街上賣魚以維持生計。

宣教師的老婆批回魚貨以後，再使用西洋芥末粉醃漬魚兒，然後由宣教師利用手推車把魚兒推到銀行對面賣。

幾天以後，鄰街的宣教師過來看到他在賣魚。就問了一聲：

「老兄，生意好嗎？」

「生意嘛⋯⋯馬馬虎虎還可以湊合過去啦⋯⋯」

「那麼，能不能借五盧布給俺？」鄰街的宣教師說。

賣魚的宣教師跟鄰街的宣教師一向相處得不錯，老實說，賣魚的宣教師很願意借給對方五盧布，但是目前的生活實在太困苦，實在是愛莫能助，為了不讓自己有失顏面，於是他只好對鄰街的宣教師說：

「你瞧！對面不是有一家銀行嗎？自從我在此地擺攤子以後，銀行他們就派人跟我約法三章——只要我不借給任何人錢，銀行就不會賣魚。」

商人的機智

在不可以工作的安息日裡，有一個猶太商人站在店門口大聲招呼客人。

「請各位進裏面參觀，今天本店一切商品均以半價優待！」

路過的一位信仰堅定的猶太人皺著眉頭說：

「今天是安息日，你竟然做起生意來？」

「開玩笑，半價優待算是做生意嗎？」

在商言商

聽到查理生意倒閉的消息，吉達夫臉色蒼白的趕來。

「查理先生，你忍心讓你的多年顧客和老友遭受損失嗎？」

「吉達夫，請你放心，我決定不讓你損失分文，其他債權人大概也可以按三成計算來清理，不過向你買進的東西則原封不動。」

「什麼？你大概不會把貨物退還給我吧！那樣做我就吃大虧了！還是請你以三成清理掉吧！」

理直氣壯

一個猶太人，和一個波蘭人站在車站的販賣部喝果汁。

猶太人以五個硬幣付果汁錢，波蘭人則手持一張紙鈔付款。

店員誤將錢找給了猶太人。

猶太人毫不介意地把錢塞進衣袋就要走了。

當波蘭人向店員要回找錢時，店員揪住猶太人大罵。

可是猶太人卻不慌不忙地說：

「我怎麼曉得你的果汁一杯究竟賣多少錢呢？」

別冤枉人

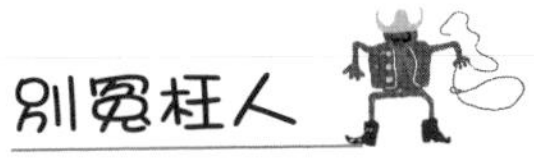

有個客人在鐘錶店裡氣憤的指責老闆說：

「你也敢說是開鐘錶店的嗎？我這一手錶在還沒交給你修理前，速度雖然有快有慢，卻還繼續擺動著，可是一交給你修理，拿回去就停下來了！」

「你不要冤枉我好不好？我以神的名義發誓，我對你這隻手錶碰都沒碰過！」

商業的技巧

戰時糧食發生問題，政府實施物資管制，但是猶太人耶可夫仍把一隻鴨子賣到兩百克羅尼而大賺特賺。鄰居一個男人也做起賣鴨生意，在大門口張貼廣告，但是客人還沒來。警察就先來把他的鴨子全部沒收了。

於是，他跑來請教耶可夫。

「耶可夫先生，警察不取締你，有什麼祕訣嗎？可不可以傳授給我？」

「我問你，你是怎樣廣告的？」

「我只是在門口貼張紙說本店有鴨子，每隻二百克羅尼！」

「現在是物資管制的時代，那樣明目張膽，不就告訴人家你在做黑市生意了嗎？那怎麼行呢？我的說法是這樣的『本人星期日在教會廣場丟失二百克羅尼，撿到的仁人君子如能交還，即贈

鴨子一隻作為薄酬。』如此一來，許多人都前來交還撿到的錢，依約我也不得不繼續送鴨子！」

別以為我好騙

猶太教堂的執事者如果將死者的時辰記錄起來，等到忌辰日接近時通知死者親人，往往可以得到一筆相當可觀的謝禮金。

有一天，執事者通知一位暴發戶，告訴他父親的忌辰，而獲得了一個意外的大紅包。

這個暴發戶因為賺錢忙得團團轉，加以幾乎沒有受過教育，執事者認為可欺，幾個月就通知一次他父親的忌辰，暴發戶照樣給了個大紅包。

未幾，暴發戶母親的忌辰也到了，執事者去通知，又獲得一個大紅包。但是這人實在太貪心，第二次又去通知他母親的忌辰時，暴發戶卻暴跳如雷了。

「你這個大騙子，我父親有幾個也許說不定，但是母親卻鐵定只有一個，你連這個道理都不懂，別以為我好騙！」

猶太人的生意經

到了冬天總經理將販賣部經理喚來。

「夏季的T恤還剩下五百件，有沒有辦法賣掉？」

「寄給以色列那些零售商好了。」

「可是季節過後，那些地區可能也賣不出去。」

「不，我們要在包裝上下點功夫，包上十件寄出，貨單只記八件，把十件價錢算成八件，那些猶太人必定會因佔了便宜而買下來。」

總經理認為是妙計，遂包裝分發出去了。

但是一個星期之後，總經理對販賣部經理大發脾氣：

「你這傢伙可以滾蛋了，那些T恤全退回來了，而且每包都少了兩件呢！」

密修納十歲了，為了接受升學的適性檢查，媽媽去找教堂的拉比商量。

拉比就對媽媽說：

「那很簡單，只要準備三種東西放在桌上讓孩子選擇就可以測驗出來。一種是盛酒的酒杯，一種是錢袋，另一種是聖經。假使孩子選擇酒杯，他可能變成放蕩者；假使選擇錢袋，他可能做生意或在銀行界獲致成功；如果選擇聖經的話，就應該培養他成為拉比！」

約定的日子到了，密修納被帶到準備好的場所要接受測驗，父母親都很緊張。

聽完拉比的說明，密修納看了看三種東西，然後一手抓住酒杯把酒喝光，一手把錢抓進衣袋裏，再把聖經挾在腋下走了。

母親大驚失色地說：

「天啊，這個孩子會變成政治家了！」

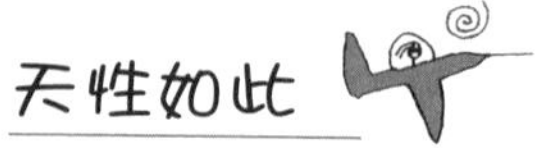

天性如此

有一個猶太人正在祈禱。

「噢！神啊！請您讓我的彩券中獎，那麼我一定分一半給貧困的人們！」

儘管如此，他的彩券每一次還是都落空。

於是，他前往基督教會奉獻一支蠟燭，並祈禱彩券若中獎就把獎金的一半捐給教會。

神顯靈了，他竟然中了大獎。

猶太人非常高興地說：

「基督教的神確實靈驗，不過猶太教的神卻賢明多了，因為祂知道我是在撒謊，中獎也絕對不會把錢捐出來！」

事實證明

一個猶太人在火車上吃了五條青魚，吃完後用紙把剩下來的五個魚頭包起來。想帶回家給貓吃。這時，坐在對面的波蘭人開口了。

「聽說你們的頭腦很好，究竟要怎樣才能變得聰明呢？」

猶太人開玩說：

「因為我們都喜歡吃魚，魚頭尤其對增進腦力有效。」

「可不可以把那一包魚頭賣給我？」

「這一包本來是要帶回給孩子們吃的，不過，如果你肯出十

美元我就賣給你。」

於是，波蘭人拿出十美元向猶太人買了下來，這情形在一旁的美國人看到了，就在他耳邊說了幾句，他聽了之後十分生氣地對猶太人說：

「你做得未免太過分，這青魚十美金就可以買到十多條了，至於魚頭大家都給貓吃呢！」

猶太人聽了笑嘻嘻地對他說：

「你看多有效！你的頭腦已經變得聰明。」

老實商人

三個猶太人同時走進了一家波蘭人開的咖啡廳聊天。

「我要紅茶。」第一位說。

「我也要紅茶，加一點檸檬。」第二位說。

「我也一樣，不過杯子要洗乾淨。」第三位說。

一會兒，老闆把紅茶端上來了。

「對不起，要杯子洗乾淨的是哪一位？」

明察秋毫

餐館裏，客人問服務生：

「在廚房工作的金髮小姐辭職了是不是？」

服務生大感訝異地問：

「是的，但您怎麼會知道呢？」

「因為今天的菜湯中不再有金髮，而是黑髮啦！」

商業手段

有一個波蘭人在市場上叫賣著一頭母牛，可即使把價錢降到一百塊美金也沒有人問津。

這時來了一個猶太人看到這種情形很同情他。

「你的賣法太差，我來替你賣好了。」

說完，他手牽著牛大聲叫賣起來。

「各位，這是一頭最好的母牛，省飼料，溫馴容易管理，生產力強、耐力十足，今天特別大減價，三百塊美金徵求一位新主人，只有一個機會哦！」

這時一群買主圍上來了。

可是，這位波蘭人看到這種情形卻顯得十分著急，他悄悄地對猶太人說：

「老兄，這怎麼行呢？這母牛這麼好，你看三百塊美金會不會太便宜了！」

第六篇 施惠的世界

■ 所謂「施惠的世界」，乃是「施者」與「被施者」正面衝突的交接點。一方希望對方給予，對方卻想辦法拒絕。而且這兩者中間並沒有第三者存在，是故雙方將變成非常的「認真」。人們一旦「認真」起來就會喪失「餘地」，逢到這種情況就需要有笑話的存在了。

富人不會死的地方

羅傑男爵罹患了重病，全英國的醫生都拿他沒辦法。於是，羅傑察覺到他的死期快到了。

這時，他聽到一名居住於猶太人街——也就是市區最為窮困的地區——有個男子能夠治好他的病。

於是，羅傑男爵就差遣他的管家到垃圾場隔壁的貧民街，專程去接那一個聲稱能夠起死回生的人。

那一個人叫摩修。羅傑的管家叫摩修坐進勞斯萊斯轎車，把他帶回家。

摩修穿著有兩塊補釘的西服，看起來真是「千瘡百孔」，他踏著厚厚的地毯，走進了男爵豪華的臥房。

「你就是能醫好我病的人嗎？」

「噢……不敢說是能百分之百醫好您的病啦！至少您不至於死翹翹，只要您肯聽我的勸告。」

「但是，包括英國皇室御醫李賓尼博士，以及首相醫官史坦利教授，以及大英帝國首席的一百位醫生都說我沒有藥救了。那麼，你是醫生嗎？」

「哪兒話，我根本就不是醫生，我是一名叫化子。」

「什麼！叫化子？」羅傑男爵非常的驚訝。

「是啊！我是如假包換的丐幫成員。只要你肯搬到咱們那兒住，您就絕對死不了啦！這一點，我可以保證！」

「那麼，你又住在哪兒呀？」

「我就居住於垃圾場隔壁貧民街的小小閣樓上呀！您只要搬

到貧民街去就絕對死不了啦！」

「那是為什麼呢？」

「因為在那個貧民街裡，好幾百年以來，都不曾聽說過有大富翁死掉啊！」

乞丐與富豪

羅傑男爵是著名的富豪，他也就是復興羅傑家的人物。

他有很多孩子，歐洲每一個國家的首都皆有羅傑家的子孫鎮坐著，形成了羅傑家國際性的連結網。

有一天，當這個第一代老富豪在柏林街頭行走時，一個乞丐向他伸手說：

「羅傑男爵先生！請可憐可憐在下！」

羅傑是個很有慈悲心的人，他從錢包裡取出了好幾張小額鈔票給乞丐。

想不到乞丐如此的說：

「羅傑男爵先生，上一次令公子給在下兩倍的錢……」

「這是想當然耳的事。我兒子擁有身為富豪的老爸，可是我卻沒有啊！」

不知害怕為何物

有一個乞丐出現於某市鎮，到稅捐處長的居處乞討。

「好啊！你膽敢來這個市鎮乞討！不過，看在第一次的份

上，我就不予追究。」稅捐處長如此說。

「奇怪……你為什麼知道我是第一次到此地乞討呢？」乞丐很驚訝的反問。

「因為在這個市鎮的人們，沒有一個人敢向我乞討呀！」稅捐處長說。

行乞之道

乞丐在街頭向人要錢。

一個路過的人拒絕說：

「我不喜歡在路邊給人家錢。」

「什麼！這位先生您是說，叫我開一家乞丐公司，您才肯給錢嗎？」乞丐憤然的說。

比賽智慧

一個乞丐來到了以吝嗇及狡猾聞名的阿布拉的家，對他說：

「我遠方的親戚要到舍下吃飯。為了表示我在此地混得不錯起見，請您借一個銀盤子充充場面吧！」

乞丐如此的說，很成功的向阿布拉借了一個銀盤子。

翌日早晨，乞丐來歸還銀盤子，再加上一個小銀盤子。

阿布拉好奇的問：

「這個小銀盤子是怎麼一回事啊？」

「請您聽我解釋吧！我們借用您的大銀盤子那一夜，它在半

夜生了小的銀盤子。因為它是您的大銀盤子生下來的東西，所以嘛！我就把它交給您啦！」

阿布拉非常高興，但是在內心裡卻罵一聲蠢貨！於是，他就對乞丐說：

「以後只要你有需要，我什麼東西都可以借給你！」

「好吧！昨天我的親戚回去啦！今天又來了幾個朋友，為了表示我混得不錯，我想借用你家的銀製燭台。」

阿布拉很高興的把銀燭台借給乞丐。

到了翌日，乞丐拿著從阿布拉那兒借來的大銀燭台，以及一個小銀燭台來到了阿布拉家說：

「阿布拉先生，昨天子夜，您的大銀燭台生下了小銀燭台，它也是您的，所以一併還給您。」

阿布拉很高興的說：

「如果你還有什麼需要的話，我都可以借給你！」

乞丐臉上的表情很平靜，他如此的說：

「阿布拉先生，我就要到鄰市拜訪朋友了。為了表示我混得不錯，我想借一下你的金錶。」

阿布拉很高興的取下他手上價值不菲的金錶交給乞丐。

翌日早晨乞丐登門來訪時，阿布拉正夢想著有一個小小的金錶，以致笑嘻嘻的開了門。

「阿布拉先生，我要告訴您一個壞消息。」乞丐滿臉陰霾的說：「昨夜我向您借的金錶突然生病，不久以後就死翹翹啦！」

「什麼！金錶死翹翹啦！真是鬼話連篇！」

「阿布拉先生，請您想想看！既然銀盤子能生孩子，銀燭台也能生孩子，金錶焉有不死之理？」乞丐以勝利者的姿態說。

不過，阿布拉也不是省油的燈，他如此的說：

「我懂啦！金錶是死翹翹啦！」

這一次，乞丐笑得非常得意。他說：

「請您節哀吧……」

「什麼節哀呀！快把金錶的屍體還給我！」

抱持希望

當街頭蜂擁著一大群人時，一個乞丐赫然出現，他煞有其事的到處摸別人的帽子以及鞋子。

「你到底在幹啥？」一個好管閒事的人問乞丐。

乞丐說：「剛才我手上有一枚錢幣，可是現在卻找不到啦！」

另外一個好管閒事的人說：

「我一直在看著你搜查，只有那個男人左側的褲袋你還不曾摸過。」

「如果那兒也搜查過，而又『找不到』的話——那我該怎麼辦呢？」

莫名其妙

一個乞丐在街頭向路過的人們行乞。

一個路過的人如此對他說：

「你呀！明明有著一雙健全的手，身體又那麼壯，為何不去工作呢？真是叫人搞不懂……」

想不到乞丐卻很正經的說：

「什麼？你是說為了獲得那幾個小錢，我還得砍掉這一雙手嗎？你這個人真是莫名其妙。」

有錢的豬

有一天，乞丐出現於富有銀行家達比的家。其實，這個乞丐已經來過好多次了，但是每一次都遭到達比的拒絕。

「請您務必要行行好！『逾越節』眼看就快到了，但是我卻沒有任何東西可以給孩子們吃……」

乞丐說出了自己的困境。

「你呀！不是已經來過十多次了嗎？試問，俺曾經給過你一分錢嗎？」達比問乞丐。

「是啊！您不曾給過我任何東西。我所以會硬著頭皮來您這裡，乃是因為實在是有困難之處。」乞丐如此的說明。

達比很無情的想關上門，卻被乞丐攔住了。

「請您稍等一下！讓我說一則《塔木德》裡面的典故！」

「俺就算聽了那個典故，仍然不會給你一分錢。你最好說完就滾出去！」

說著，達比關門的手停了下來。

「《塔木德》裡寫著——狗在咬豬的時候，必定先咬豬的耳朵。狗兒是用來比喻窮人，而豬則是用來比喻有錢的人。至於狗兒為什麼要咬豬的耳朵呢？關於這一點，《塔木德》如此說明——原來，狗兒對著豬的耳朵囁嚅著：為什麼一有了錢就會變成豬呢？」

獨立性

貧窮的摩塞斯到富翁家，以悲哀的口吻說：

「請您大發慈悲，請您大發慈悲吧！我為了生活下去，必須獲得他人的協助，請助我一臂之力吧！」

其實，摩塞斯有六個兒子，他們都獨立生活，從事服裝、皮鞋、文具、酒類，以及花卉等的生意，而且都發了財，在社會上都具有相當的地位。

「您不是有六個很優秀的兒子嗎？為何不去投靠他們呢？」

「因為我是個具有獨立性的父親呀！」

工作的尊嚴

猶太語的乞丐為「修諾拉」。

有一天早晨六點鐘，西門家的大門被敲得震天價響。主人西門被吵醒，以致「臭」著一張臉打開了門。

原來，門前站著一個乞丐。他對西門說：

「請您發發慈悲心，給我一些錢吧！」

「就算我有多餘的錢撒在全世界各地，我也不會把錢給你！真是莫名其妙！清晨六點鐘就來吵人！」

想不到這位「修諾拉」卻挺起了胸膛說：

「我絕對不會批評你的行為舉止。所以嘛！你也不必管我的行為舉止！」

夢寐以求之物

輪船遇難了，有一位美麗的少女漂流到大海洋中的一個孤島。這小島數年前就住了一個同樣遭遇的猶太男人，過著孤獨寂寞生活。他看到她正在悲傷哭泣，就走過來安慰說：

「小姐，傷心也是無濟於事的，不如轉變心情；這個小島，空氣和水都很清新，視界寬廣，氣候又佳，雨水也足，水果種類不少，而且有我陪妳說話，並不像妳想像的那麼壞！」

那位少女抬起頭來。

「這麼說，我等於是為你帶來了夢寐以求的東西囉！」

男人聽了很興奮地說：

「什麼？妳有我夢寐以求的麵包、牛油、火腿、蛋？神啊，祢聽到我的祈禱啦！」

認罪

一位父親向拉比訴苦：

「我那個孩子實在是太放蕩了，看到豬肉就吃，連基督徒的女孩子他也吻個不休，真使我束手無策！」

拉比叫那個青年來，青年十分坦然地說：

「拉比，請同情我，我的頭腦似乎生下來就不太正常。」

「不要胡說，如果你去『吻』豬肉或『吃』基督徒的女孩子，才是不正常，此外，你所做的都是自然而正常的。」

唇槍舌戰

在火車上，基督教牧師和猶太教的拉比聊了起來。

牧師皺著眉頭說：

「昨晚作夢，夢見猶太人的天國裡亂烘烘地，到處都是又髒又醜陋的猶太人。」

拉比聽了也不甘示弱：

「我昨晚也夢見了基督教的天國，實在太好了！乾乾淨淨，四季不絕的花朵，散發令人心醉的芬芳，太陽高照，泉水清冽，可奇怪的是連一個人影也沒有，打聽之後才知道，原來基督徒都進不了天堂！」

是你沒搞清楚的！

有一個美國人在以色列旅行，有一天他在公路上，前面來了一輛馬車，他和猶太人的車伕打招呼。

「到蘇活奇鎮還有多遠？」

「差不多半個鐘頭路程。」

「可不可以讓我搭便車呢？」

「可以啊！」

可是，過了半個鐘頭之後，卻仍看不到蘇活奇鎮。

「蘇活奇鎮還有多遠？」

「差不多一個鐘頭路程。」

「你剛才不是說半個鐘頭路程嗎？」

「是啊，可是我們是朝著相反的方向走啊！」

阿Q精神

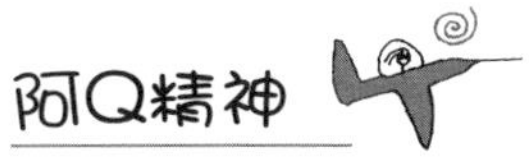

兩個好朋友在路上吵架。

「你的妹妹是娼妓！最下流的妓女！」

可是，被罵的男人卻不還嘴。

旁人看不下去了，就問他：

「你的妹妹被侮辱了，你為什麼不還嘴？」

「我沒有妹妹。」

「他說他沒有妹妹。」第三者告訴罵人的那位仁兄。

「我知道他沒有妹妹，可是圍觀的人並不知道呀！」

人生導師

有一所猶太教堂的工友，喜歡在拉比外出之際，自己冒充拉比，對來訪的信徒說教。

有一天，一個青年男子前來對拉比說：

「前次那一位代理的師父告訴我，只要啃三天稻草就可以贖罪，我照樣做了，不曉得我現在是不是已經清淨無罪？」

拉比嚇了一跳，問那個工友，工友說：

「因為你不在，我就代理你傾聽他的話，他告訴我夜裏摸錯了門戶，走進一位正在睡覺的小姐房裏，他大驚失色跑了出來。

覺得自己有罪、非贖罪不可，所以我叫他啃三天稻草；拉比您想一想，走進正在睡覺的美女房間竟會調頭就跑，這不是和馬或鹿一樣嗎？」

親戚關係

新教牧師「蒙主恩寵」昇天去了，在天國入口，看門的彼得給他一部金龜車。

「這是你一生行好事的報償！」

開了一段路，看到一位天主教神父駕駛一部亮晶晶的美製高級汽車，他就問彼得說：

「那個人是不是比我做了更多的好事？」

「他因為對主耶穌奉獻很多東西，理應如此。」

過一會兒，他又看到一位猶太教的拉比得意揚揚地坐在一部勞斯萊斯車上，牧師氣憤地說：

「猶太教的傢伙不是每天都在誹謗主耶穌的嗎？」

彼得急忙以手掩住牧師的嘴巴，小聲地說：

「千萬小聲點，猶太人是主耶穌的親戚啊！」

『塔木德』的智慧

「拉比！請舉例說明猶太民族五千年智慧的『塔木德』究竟是什麼？」

「舉個例子，兩個男人掉進煙囪，一個弄得全身黑漆，另一

個卻一塵不染，這時會去清洗的是哪一個？」

「當然是弄得黑漆漆的那一個！」

「你錯了，弄髒的那一個人看到對方乾乾淨淨，以自己也沒有弄髒而不去洗；可是乾乾淨淨的那一個人看到對方骯髒黑漆的模樣，卻以為自己不潔而去清洗了。再問一個問題，這兩個人若再掉進煙囪，那會洗的是哪一個呢？」

「沒有弄髒的那一個！」

「你錯了，前次經驗已經教訓他倆。沒有弄髒的那一個人不洗，弄髒的那一個人去洗，這才是正確的答案。若是兩人是第三次掉進煙囪裡，那麼會去洗的是哪一個人？」

「弄髒的那一個！」

「你又錯了，你為什麼不想想兩個人掉進同一個煙囪，以及一個弄髒、一個乾淨……這種事根本不可能發生，告訴你，這就是『塔木德』的智慧！」

不要看不起上帝

「拉比每天晚上都要和上帝交談，所以必須尊敬他們。」

「你怎麼知道拉比會和上帝交談呢？」

「是拉比對我說的呀！」

「那是拉比騙人的啦！」

「老兄你可別那麼說，難道上帝會和撒謊的人交談嗎？」

快遞

希特勒的年代裡，有個猶太人要被執行死刑了，於是拉比前來看他，對他說：

「我可以幫助你什麼嗎？請儘管交代！」

這名死刑犯聽了，看看天空對拉比說：「不必了，等一下我就會見到你老闆了，或許我還可以替你轉告些什麼的呢！」

第七篇
流水似的世界

■ 歷史是一股流水。猶太人一直被屹立的堅實岩壁擋住去路，但是他們儘量找尋縫隙，保持水流的暢通。對猶太人來說，為了忍受無止息的苦難，繼續活下去，必須以笑話鼓舞自己，安慰自己。圍繞猶太人的苛酷國際情勢，也正是產生笑話的大好土壤。

共產樂園

一九六一年，甘迺迪與赫魯雪夫在維也納召開巨頭會議。那時，赫魯雪夫把年輕的甘迺迪當成涉世未深的青年看待。在第一天，赫魯雪夫一開口就如此的說：

「年輕人哪！你讀過聖經嗎？」

甘迺迪是天主教教徒，當然讀過聖經。

赫魯雪夫說：

「尤其是舊約的創世紀，裡面不是有人類的始祖——亞當跟夏娃？你知道亞當與夏娃是共產主義者嗎？因為那兒是樂園。」

年輕的甘迺迪果然被難住了，不知如何回答。

回到美國大使館後，甘迺迪先打電話給美國天主教的主教，然後再打電話給以色列的戴陽總理。甘迺迪如此的說：

「戴陽總理，今日我會見了赫魯雪夫，他說人類的始祖——亞當與夏娃是共產主義者。關於這個問題，我到底應該如何回答呢？」

戴陽總理考慮了一陣子以後，以沙啞的聲音回答：「大總統閣下，你就承認亞當與夏娃是共產主義者吧！首先，亞當跟夏娃沒有衣服穿，他倆都裸體。他倆也沒有屋子可以居住，想到何處都去不得。食物嘛……只有蘋果而已。儘管如此，他倆還確信那兒是樂園。所以嘛……他們就等於是居住於共產主義的社會。」

隱蔽的善行

希特勒喜歡在巴伐利亞・阿爾卑斯散步。因為他在沙茨堡有一座山莊。

有一次，他像平常一般走出山莊，在山中散步時，不慎掉入河流裡面。

希特勒並不會游泳，他筆直的舉起右手，喊著：

「救命哪！救命哪！」

後來，森林裡面走出一個男子把希特勒救起來。

希特勒雖然變成了落湯雞，但是他仍然威嚴十足的說：

「我是大德意志民族的大元首希特勒。謝謝你救了我，我會感謝你的！你叫什麼名字呀？」

森林中的男子回答說：

「我是以色列人，名叫考恩。」

「什麼！你是猶太人？就算你是猶太人，你的勇氣也很可嘉，如果你有什麼願望的話，我可以成全你！」

希特勒用潮濕的手帕擦著他潮濕的鬍子說。

「好的！我有一件很大的願望，我真的可以說出來嗎？」

「當然可以。」希特勒說。

「那麼，大總統閣下，你就千萬不要對任何人說我救你起來的這檔事……」

尊重人命

在俄國猶太人地區的某神學院，宣教師與學生被拉去當兵。
宣教師以及學生們在射擊訓練中獲得了很好的成績。
蘇俄的軍官非常高興。
訓練完畢後，宣教師與學生被軍官帶到前線。
抵達前線以後，蘇俄軍官拔刀，發出「射擊！」的命令。
但是，始終不曾響起槍聲。
蘇俄軍官再度抽刀，大叫一聲：「射擊！」
仍然沒有任何槍聲。
「你們在訓練時，射擊成績那麼好，如今何以不射擊呢？」
蘇俄軍官咆哮了起來。
如此一來，穿著二等兵制服的宣教師說：
「為什麼要射擊呢？你沒看到前面有人嗎？」

解讀力

在一九六七年的「六日戰爭」裡，以色列獲得世界戰爭史上空前的大勝利。這個紀錄可說是相當驚人的。

人口只有三百萬的以色列，在六天裡打敗了總人口有一億以上的阿拉伯各國的聯合軍隊，佔領了西奈半島，它是大過以色列國土兩倍以上的領域。

失去領土最多者，乃是擁有西奈半島的埃及。

而且，埃及軍隊擁有蘇聯最新式的噴射機、飛彈以及戰車。以致當他們在六天就戰敗的消息傳出以後，大家都感到非常不可思議。

不過，現在已經知道了真正的原因。在戰爭的最後那一天，二等兵摩塞在埃及軍隊撤退後的沙漠司令部，發現了用俄文書寫的極機密文件。這份文件立刻被送到特拉維夫的國防部。

該文件乃是蘇俄的軍事顧問團軍官給埃及的司令官。經過翻譯以後，方才察覺埃及軍隊犯了致命性的錯誤——

「最為有效的戰術就是繼續的撤退，把敵軍引入我們的領土深處。拿破崙侵略我國時，我們故意讓他們攻佔莫斯科，然後再截斷法軍的退路，使他們崩潰。一九四一年德軍侵入時，我們也採取相同的作戰方式。不管法軍或者德軍，都是由於進入我們的領土太深，無法控制部隊以致崩潰了。」

瞬間的判斷

被美軍徵召的猶太人考恩是個二等兵，有一夜在黑暗中朝福利社跑去時，撞倒了一個男人。

在黑暗中倒下去的男子爬了起來，撣撣他褲子上面的灰塵，看著考恩。原來，那個男子的衣襟上有五顆星星。考恩一臉慘白，採取立正姿勢。

「喂！你知道我是誰嗎？」五顆星星的將軍罵了一聲。

「我知道！您是艾森豪元帥閣下！」考恩說著，也問了對方一聲：「那……您知道我是誰嗎？」

艾森豪生氣地說：

「我怎麼會知道你是誰呢？」

聽了這句話，考恩飛也似的跑掉啦！

頭腦的使用法

據說，世界石油四分之三的蘊藏量集中在中東。阿拉伯國家並沒有什麼才能，也並不努力，就依賴豐富的石油，每年都獲得用之不盡的金錢。而且到了近些年，又每每大幅度的提高石油的原油價格。

到一九八二年，阿拉伯的外匯已經高達一千五百億美元。這個數目實在非常驚人，因為當年全世界的全部外匯準備額也不過一千兩百億到一千三百億美元。

在開羅召開的阿拉伯聯盟祕密會議，隨著美元滾滾而來，決定買斷美國、日本以及西歐的主要企業。

他們選擇的目標有ＵＳ鋼鐵製造業、通用汽車、奇異電器、新日本製鐵、豐田、日產、歐寶、飛雅特等企業。

不過，這個祕密會議立刻由以色列的諜報機關所探知。以色列政府報告美國政府。聽了這個消息時，尼克森總統非常震驚，他立刻打電話給梅耶總理。

「有了一千數百億美元的話，阿拉伯人就要拿來買斷全世界的主要企業。你認為應該如何對付才好呢？」

尼克森總統表現出的狼狽相，超過了水門事件。

梅耶總理很沈著的回答：

「你不必慌張。就叫阿拉伯人不斷的買下那些企業吧！待主要企業全部變成阿拉伯人的所有物之後，再叫美國、西歐各國，

以及日本把那些企業國有化就可以了。」

廣告

六日戰爭之後，特拉維夫的報紙出現了如下的廣告——

「出售從阿拉伯軍隊沒收的十萬挺新式手槍。

那些都是新品，一次也不曾發射過。

不過，誰也不能保證它們能發射。」

拿破崙的真實感受

在十九世紀的俄國寒冬。

企圖遠征俄國的拿破崙從莫斯科敗退，一面遭受到哥薩克騎兵的追擊，一面逃向南方。這位法國皇帝差一點就被哥薩克騎兵追上，以致慌張的下了馬，敲著村莊一家平民的門。那就是開西服店的西門的家。

「如今，俄國人正在追我，你就讓我躲一下吧！」

西門瞧了穿灰色外套的男子一眼。他並不知道對方是何方神聖，不過，由於他是信仰虔誠的猶太人，因此把那個蒼白著面孔的男子帶進自己家裡。

他把對方藏在臥室的壁櫥裡面，再覆上好幾層棉被。

就在這時，又有人大敲前門。

西門跑過去開門。

門外站著身材魁偉的五、六個哥薩克騎兵。一看到西門就大

聲叫嚷：

「喂！有人逃到你這邊嗎？你沒有窩藏任何人吧？」

「那怎麼會呢？我才沒有膽量窩藏跟俄國皇帝敵對的人呢！反正屋子只有那麼大，你們就搜查吧！」

哥薩克騎兵發出有如北極熊似的聲音，到處找尋，又使用長槍刺壁櫥的棉被，因為槍尖並沒有沾著血液，他們也就走開了。

待馬蹄聲遠去時，拿破崙蒼白著一張臉，從臥房走了出來。接著喝了一杯西門端出來的葡萄酒。

恢復了皇帝威嚴的拿破崙驕傲的說：

「你救了我的命，你就是我的恩人。你有什麼要求的話，不妨說出來。」

西門稍微想了一會兒才說：

「好吧……那麼就請您修好屋頂的一個漏洞吧……」

拿破崙仍然傲氣十足的說：

「你真笨！只要求修理屋頂的小漏洞嗎？你不妨再說出一個願望，沒有一件事是我辦不到的！」

西門搔搔他的腦袋說：

「既然如此，你就在附近的村落給摩塞斯一塊土地，叫他在那兒開西服店吧！因為最近他在我家前街開西服店，搶走了我不少的生意……」

拿破崙越聽越不管用。

「你不知道我是法國皇帝嗎？我叫拿破崙，我會成全你剛才說出來的願望。不過，你必須說出更符合於皇帝能力所能及的願望。」

一聽對方是皇帝，西門開始感到不安，不過他鼓起了最大的勇氣說：

「陛下，當您躲在棉被下面時，哥薩克騎兵曾經使用槍去刺被子。所幸蒙神的保佑，陛下平安無事。這以後，陛下似乎嚇壞啦！好久都青白著一張臉兒。能不能請陛下告訴我，那時您有什麼感覺呢？」

「感覺？」拿破崙氣得吹鬍子瞪眼，一張臉孔脹成紅通通的說：「我從來就不曾害怕過！好一個無禮之輩，明天一早我就斃了你！」

剛好法國騎兵隊抵達村落，發現了皇帝的坐騎，挨家挨戶查訪的結果，終於在西門家找到了皇帝。

「逮捕這個男子！黎明時斃了他！」拿破崙叫了起來。

於是，西門被套上手銬帶走了。

翌日早晨，公雞啼叫時，西門被帶到寒冷的俄國荒野，被綁在一棵樹木旁邊。

西門流著眼淚，從昨夜就一直沒睡，不停的祈求神救救他。如今，他更提高了祈禱的聲音。

雞兒長長的啼叫了一聲。

東方的天空發白時，軍官對著槍決隊，使用法語下號令：

「一，二，三……」

軍官的劍高高地舉起了。

這時，傳令兵騎馬過來。

「槍下留人！槍下留人！」

傳令兵在軍官身邊下馬說：

「皇帝下令，取消槍斃此人！」

說罷，傳令兵解開了西門身上的繩子，然後對他說：

「這是皇帝給你的信。」

傳令兵交給西門一封信，信上如此寫著——

「如今，你已經領略到我昨天那時的感受了吧？」

腦筋的好與壞

在帝俄時代，一名俄國軍官到邊境校閱守備的軍隊。在校閱完以後，他皺起了眉頭說：

「哇！臭死人啦！你們從來就不換襯衣以及制服的嗎？」軍官以責備的口吻說。

「當然啦！我們也很想更換襯衫以及制服。但是中央政府壓根兒就不送襯衫及制服來呀！」隊長以抱怨的口氣回答。

「我說你呀！腦筋壞透啦！」軍官以十足威嚴的口氣罵隊長說：「你不會叫士兵排成兩列嗎？然後，再叫他們彼此更換襯衣以及制服不就得啦！」

禍福

埃及的沙達特總理打電話給蘇俄的布里茲涅夫總書記。

「不妙啦！以色列的飛機飛離國境，正飛向我國呢！」

布里茲涅夫以不高興的口吻說：

「喂！阿達，你以為現在幾點鐘啦？莫斯科是清晨四點半哩！」說完，他就把電話掛斷了。

經過十五分鐘後，布里茲涅夫的電話又響了起來，老布以疲倦的聲音回話。原來，又是沙達特打來的：

「布總書記長，以色列的戰車渡過蘇伊士運河，正朝我國前

進。」

「不要為了這種芝麻小事煩我！」老布又掛斷電話。

但是，十五分鐘後電話又響起來了。

老布這一次已經醒過來了，不過他十分生氣，只聽見沙達特又如此的說：

「不妙啦！這一次，以色列的傘兵部隊包圍了我們的總統官邸。很多埃及的年輕女孩慘遭強姦呢！」

老布對著電話機喊叫：

「那就恭喜你啦！二十年後一定會產生許多更好的軍隊！」

弄錯啦！

在納粹德國的時代裡，猶太人必須時時帶著身分證。

兩個猶太人在柏林街頭行走時，看到警官從對面走過來。一個猶太人帶著身分證，另外一個人忘了帶。於是，帶有身分證的猶太人說：

「只要我突然奔跑，警官一定會來追我，你就乘機溜掉吧！」

警官真的來啦！帶著身分證的猶太人開始狂奔，警官果然追趕了起來，大約跑了兩公里路，猶太人被逮到了。

警官拔出了手槍喊了一聲：

「把你的手舉起來！」

警官搜查猶太人，發現他竟然有身分證。

「我叫你別跑！你為什麼不聽呢？」

「哪兒話，我根本就沒聽到您在叫我呀！」

「那你為何要跑那麼快呢？」

「因為我突然想起了必須去看醫生。」

「可是，你一定知道我在背後追趕你吧？」

「是啊！我以為您也要一起去看醫生哩！」

恐懼心理

摩塞斯被抓去當海軍。

他有生以來初次坐船航海。海浪好大，船兒彷彿樹葉一般盪來盪去。

幾天以後，摩塞斯暈船啦！而且他已經吐完了肚子裡所有的東西。但是因為害怕船兒下沈的恐懼心理，使得他再也不會感到痛苦了。

摩塞斯問老水兵：

「現在咱們離陸地多遠？」

老水兵回答說：

「大約四千公尺到五千公尺吧……」

「噢……有那麼近嗎？那麼，陸地在哪一個方向呢？」

老水兵指著船板說：

「就在下面。」

下等的智慧

在帝俄時代，一隊列車載滿了穿紅褲子的士兵，從波蘭的華沙開到列寧格勒。

大約就在相同的時刻，另一隊列車載著穿著灰色褲子的士兵，也從帝俄北方開往華沙。

這兩隊列車在蘇聯跟波蘭之間的某個車站停了下來。

穿紅色褲子的士兵對村民們說，他們正從華沙開往列寧格勒。而穿灰色褲子的士兵則對村民說，他們是從列寧格勒向著華沙移動。

如此一來，耶可夫帶著摩塞斯到車站後面說：

「皇帝笨透啦！大可不必那樣的勞師動眾啊，只要把紅褲子送到列寧格勒，灰褲子送到華沙，叫雙方士兵們換穿，華沙就會有穿灰色褲子的部隊，而列寧格勒就會有穿紅色褲子的部隊啦！」

摩塞斯說：「笨的人是你！在互換褲子的那段時間裡，士兵們要穿什麼呢？」

警報

蘇聯人到美國工廠購買機械。

在交涉當中，剛好到了正午十二點，中午休息吃飯的鈴聲響了起來。

這時，蘇聯人看著外面，蒼白著一張面孔。

因為鈴聲響了起來，員工紛紛走到工廠外面吃午飯。

「哇！不好啦！員工逃走啦！」蘇聯人大叫了起來。

「不要緊啦！他們就會回來的。」

一小時後，鈴聲又響了起來，蘇聯人瞧瞧窗外，果然員工們都回來啦！

「那麼，關於這種機械……」美國工廠的老闆準備要說明。

「噢……不……機械免啦！我要購買那種警報器！」蘇聯人如此的說。

著名的答案

在阿拉伯的某王國，一名叫比耶的猶太人忠心耿耿地長年為「卡利夫」（首領、繼承者之意）服務。

想不到，有一天在猶太人比耶不知怎地惹惱了「卡利夫」。

「卡利夫」宣判比耶死刑。不過由於比耶從「卡利夫」很小的時候就在宮廷服務，所以繼承者表示了他最後的慈悲。

「阿拉以及我都很慈悲。你長久以來對我忠心耿耿，所以最後給你一個願望，你可以自己選擇死法。」

「一直到砂流盡以後，你就回答我吧！」

一直到砂漏裡的砂流盡時，猶太人比耶都不吭一聲。

等到最後的一粒砂掉下時，「卡利夫」就問：

「你想好了沒有？」

「想好啦！我選擇自己因年老而死去的方法。」猶太人笑著回答。

愛國心的表現

猶太人時常被俄國人抓去當兵。

戰爭一開始，耶可夫立刻被送到前線。他一碰到敵人就率先

逃跑。

耶可夫因此被憲兵逮捕，並被送到司令官那兒。

「你呀！一點愛國心也沒有，竟然率先逃走，是故非槍斃不可！」

耶可夫如此的回答：

「哪兒話！我憎恨敵人，熱愛祖國。正因流著愛國的滿腔熱血，比誰都憎惡敵人，所以不屑跟敵人接近，由於痛恨他們，我要離他們遠遠的……」

佔領

在六日戰爭時，開羅電台發表說，埃及軍隊佔領了以色列多處的城市、村鎮。實際上，那些地方根本就沒有埃及軍隊的影子。

埃及軍隊中的某部隊受命佔領司令部前方的以色列市鎮。當第五次受命時，部隊長打回無線電說：

「廣播電台發表過的，那些是已經佔領的市鎮，何必再佔領一次呢？」

必要性

一九六八年，捷克的積雪開始融化時，捷克曾經提出自由化的政策，但是蘇聯不允許，並派遣華沙公約國的軍隊進入捷克，打倒了當時的捷克執政者——都布。其中，最惹惱莫斯科的事

情，乃是都布跟布里茲涅夫的最後會談。

都布說：「我們要新設海軍部，請允許。」

「什麼？海軍部？」布里茲涅夫驚訝的問：「捷克不是沒有海洋嗎？為何要設置海軍部呢？」

「那麼，蘇聯為何要設置文化部呢？」

侮辱罪

在蘇俄的一個寒冬之夜，一個年輕的猶太青年不慎掉入莫斯科河裡。

「救命呀！救命呀！」

眼看著河水就要結冰啦！河水實在冷冽入骨。

「救命呀！救命呀！」

河岸有五、六個警官，然而他們只是冷眼旁觀。

「救命呀！救命呀！」猶太青年在大叫。

想不到，蘇俄警官只一味在傻笑。

「俄國皇帝連一隻笨驢子都比不上！」青年大聲嚷叫。

如此一來，在河岸上的警官都一起跳入河裡「救起了」這名猶太青年。

「我們要以侮辱皇帝的罪名把你關起來！」

這一次，輪到猶太青年開始笑了。

頭腦之差

阿拉伯某一國的「卡利夫」一向很憎恨猶太人，他計劃把猶太人統統殺光。

於是，他下令向所有來到管轄區內的猶太人詢問來到此市鎮的目的。說謊的人槍斃，說實話的人處以絞刑。

命令下達的那一天午後，第一個猶太人來了，而這一名猶太人已經風聞過「卡利夫」下達的命令。

猶太人被帶到衛兵哨。隊長瞪著猶太人說：

「喂！猶太人哪！你就認命吧！現在就以你的話來決定命運了，但是你得好好說這句話，因為這句話若是謊話你將會被槍斃，若是實話那就會被處絞刑，哈哈哈……」

周圍的阿拉伯兵在擦槍，也有人在製造絞刑的繩子。

「猶太人呀！你快說話呀！」隊長獰笑著說。

猶太人一點也不慌張：

「我會被槍斃！」

腦的價值

以色列的醫學已經發展到極限，如今連腦髓也可以移植了。甚至有了出售腦髓的專賣店。

一個男子進入店裡，詢問有關腦髓的種類。

「這是美國著名大學教授的腦髓，他在物理學界差一點就獲

得諾貝爾獎。」

「賣多少錢呀？」

「九百美元。你要嗎？」

「他差一點就獲得諾貝爾獎嗎？」客人表示有一些不滿意。

「那麼，著名生意人的腦髓又如何呢？他是華爾街的成功者，我可以給你看他死亡時的剪報。價錢是七百美元……」

不過，客人似乎不滿意，老闆又取出了一個腦髓。

「這是埃及一名將軍的腦髓，售價九千美元。」

「乖乖！九千美元？」客人嚇了一跳說：「為何比起其他的腦髓貴得離譜？」

「那是因為它是全新的，一次也不曾被用過。」

陰錯陽差的後果

在美國太空總署擔任太空人的西門，每次總署通知出發，準備升空，他都必須放下手邊工作，緊急趕往航天中心等候出發，可是每次都因天氣不佳或是機械故障，經常都中途取消任務，又無功而返。

有一回正當西門在家睡大覺時，總署又通知出發任務，他看到外面天氣狀況不太好，心想可能又是一陣忙碌準備，坐在太空船發呆，最後又取消任務。賢慧的妻子於是自告奮勇，願意穿上太空服，幫丈夫坐在太空船中，心想，反正穿著厚重的太空服，誰也瞧不出是男是女，只要等候任務取消，她就可以神不知鬼不覺地偷偷回家，丈夫則可在家好好休息。

人算不如天算，陰霾的天氣突然放晴，太空船也順利升空，

這名不懂太空飛行的賢妻被送上太空，嚇得她不知所措，也因此失去地心引力而天旋地轉，等到降落到地球時，這名妻子已昏迷不醒，被緊急送往醫院治療。

等妻子慢慢蘇醒時，卻發現一名年輕醫師正在按摩她的胸部，她驚嚇得張開眼睛，醫師看到滿臉驚恐的表情，隨即安慰她說：「不要緊張，這是因為失去地心引力，生理倒轉改變之故，等到我幫忙將這兩顆按摩一下回到原來的地方之後，『你』下面的那玩意我們也會盡快將它扯出來，別擔心！」

事出有因

阿不拉夫婦在晚上十二點看完電影後走出影院，開車回家。

突然，阿不拉夫人說：「看，老公，有個女人正沿著馬路飛奔，她後面有個男人在追她，你看見他們了嗎？」

阿不拉說：「是的，我看到了。」於是他將車靠進那個女人並對她說：「我們可以幫您什麼嗎？」

「不，謝謝，」那個女人一邊說一邊繼續跑，「我丈夫和我總是在看完電影後跑回家，跑在後面的人回家要洗碗。」

真正高手

摩修的老婆叫他去買香菸，他到商店卻發現店門關了。他到附近一家酒吧去，打算用那兒的自動販賣機。

在酒吧裡他看到一位美艷動人的女子。他跟她搭上了話。她

美得令人目眩；身材凹凸玲瓏有緻、魅力四射，還非常風趣。他們喝了幾杯啤酒，一切便順其自然地發展下去。不久之後他們便到了女子住的地區。他怎麼抵制得了這種尤物？翻雲覆雨後，男人才意識到已是凌晨三點。

「啊，天啊，太晚了，我老婆非殺了我不可！妳這兒有滑石粉嗎？」

她想不通：「滑石粉？他要滑石粉幹嘛？」但她還是給了他一些。摩修於是把滑石粉抹在手上，回家去了。

到家時，他妻子正在門口等他，她已氣瘋了。

「你究竟混到哪兒去了？」她氣沖沖地嚷道。

「寶貝，是這樣的。寶貝，妳知道我愛妳，我不會對妳撒謊。我照妳的吩咐去了商店，可商店全關門了。所以我到酒吧裡的自動販賣機那兒給妳買菸。在那兒時我遇到了那位艷光四射的女人。她太美了，我們喝了幾杯。後來，事情便一件接一件下去，最後我們去了她的公寓。親愛的，對不起。我對妳不忠實。我和別的女人上了床。」

「噢，是嗎？把手抻出來我看看！」他妻子命令道。她看到他手上沾滿了滑石粉，便咒罵道：「你這個該死的騙子！你又去打保齡球了!!」

阿普拉是個大財主，當他臨終之際，在病床上叫孩子記下一些應催收的債務之後，就陷於昏迷狀態。

「爸爸，請您再支持一下，應催收的部分已經記清楚了，那

麼應付的部分呢？」

孩子請他交代一下應付的款項。

病人於是又張開眼睛說：

「笨蛋，這有什麼好記，他們自己會找上門來的！」

言之有理

有一個人得了精神病，他常妄想自己是一隻老鼠，於是被家人送到精神病院接受治療。

一段時間之後，他恢復正常要出院了。

可是當他走到病院的大門口時卻站住了，醫生問他理由，他回答說：

「那裏有一隻貓啊！」

「那有什麼關係，你不是已經知道，你並不是老鼠了嗎？」

「是啊，我是明白自己不是老鼠了，可是我不知道那隻貓是否明白此事？」

不做吃虧的事

「聽說你的好友艾迪去世了，你要去參加他的葬禮嗎？」

「不，去參加一個注定不會參加我葬禮的人的葬禮，是沒有意義的！」

懺悔記

安息日當天，神學院的三位學生，竟然在教室抽菸，正好被走過的老師看到了，於是被罵了一頓。三位學生都表示很懊悔。

第一位學生說：

「老師，對不起！我忘記今天是安息日。」

第二位學生說：

「老師，我忘記了安息日不可抽菸的戒律。」

第三位學生說：

「老師，原諒我，我竟然忘記拉下窗簾！」

對摩西的反感

到耶路撒冷去觀光的基督徒，在參觀猶太教的禮拜儀式之後，問一位猶太人說：「儀式很嚴肅，太好了！可是當禱詞中出現摩西名字時，為什麼信徒會發出噓聲？摩西不是猶太教偉大的預言者嗎？」

想不到，這位嚮導很不高興地說：

「那傢伙從六〇年代以來信譽就已經掃地了，雖然他把猶太人帶出了被法老王迫害的地方，可是他更應該把我們帶入有石油礦產的地方才對啊！」

洞悉未來

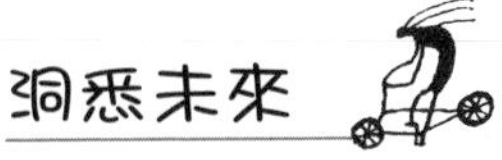

傾聽巡迴牧師說教的男子頻頻流淚。

牧師問他：

「我說的話使你那麼感動嗎？」

「不，因為我的孩子執意將來要做巡迴牧師，聽到你的講詞，我為了孩子的將來忍不住掉下眼淚。」

唱獨腳戲？

美國國防部禁止軍人玩撲克牌，有一次，一個天主教徒、一個新教徒（即基督教徒）、和一個猶太教徒的三位士兵犯禁，被移送軍法審判。

在法庭上，天主教徒的士兵首先發言。

「向聖母瑪利亞發誓，我根本沒有玩撲克牌！」

新教徒的士兵也說：

「我向馬丁路德起誓，我也沒有玩撲克牌！」

最後輪到猶太士兵，只見他笑著說：

「審判長？他們兩都已發誓說沒了，難道我一個人玩得成撲克牌嗎？」

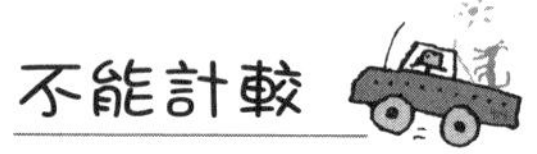

不能計較

有一天艾迪在街上看到拉比從對面走來，於是靈機一動想開對方一個玩笑：

「拉比，活人有辦法和死人交談嗎？」

「當然可以啊！只是你不能計較死者不會理睬你罷了！」

勞改成效

猶太人吉達夫流放至西伯利亞數年，最近才被釋放回鄉。

朋友們非常同情，都來安慰他。

「你真是歷盡千辛萬苦。」

可是吉達夫卻搖搖頭：

「不，沒什麼！早上七點被叫起來，早餐是麵包和茶，當然，茶若能熱點更好。然後搭車去罐頭工廠貼標籤。中午吃的午餐，鹽分一向很淡。餐後稍事休息……點心是麵包和咖啡……打一會兒牌後晚餐來了，菜色當然不太理想，可是欲望是無底的，知足便常樂……餐後可領到隔天香菸，再看看電視，十點至十點半就睡覺了。」

「真的，那改善得太多了，但是這和艾森斯塔夫回來說的完全相反。」

「那當然，正因為那樣，他才會再被帶回西伯利亞！」

以色列首都耶路撒冷正加開內閣會議，財政部長在報告上特別指出以色列國際收支上的龐大赤字。

這時，經濟部長提出了建議，他說：

「向美國宣戰好了，派一艘砲艦砲擊紐約市，財經問題就可解決！」

國防部長聽了大驚失色。

「這樣的話，第五艦隊必會蜂擁而來，我國根本沒有能力抵擋！」

「是啊，著眼點就在這裏，只要戰敗，就能夠享受到德國所享有的馬歇爾計畫一樣的經濟援助，如此我國財經上的問題，就可以一勞永逸的加以解決了！」

國防部長聽了，沈默許久之後，但見他滿臉憂傷地說：

「這辦法好是好，可是，我必須提醒各位，萬一我國像六日戰爭那樣戰勝了，那要怎麼辦呢？」

第八篇
猶太人的生意經

■ 錢、錢、錢。如果沒錢的話，我們就要活不下去。

錢、錢、錢——《聖經》普照光明，金錢投以溫暖。

「塔木德」買賣法

修繆凱・洛卡一直在研究「塔木德」。現在他就要結婚了，岳父期待他能夠在商業方面卯盡全力，是故，答應他自由動用女兒的私房錢。

修繆凱答應岳父好好做生意。不過在實際著手之前，他在「塔木德」裡面找尋如何做生意的指示。果然，皇天不負苦心人，他終於看到了如下一項：

「想做生意賺大錢的話，那就出售除了你以外，沒有人出售的商品吧！」

修繆凱覺得很有道理，於是他單身前往萊比錫市。長期地尋找的結果，終於找到「塔木德」中所指的貨品——沒有手指的手套，以及有腳趾的襪子。

不過，事後他感到非常的驚訝，因為這兩種商品根本就賣不出去。

在失望之餘，修繆凱又再度翻開「塔木德」。眾所皆知，所謂「塔木德」也者，通常都因應不同的場合列舉出賢明的忠告。

這一次，修繆凱看到了如下的一段：

「如果你手上有賣不出去的商品的話，最好盡快交換能夠很快銷售掉的商品。雖然多少會損失一些，但總是比血本無歸好得多了。」

於是，修繆凱找來兩個經紀人，把上述的商品分別交給他們，並叮嚀他倆縱然損失一些兒，也必須交換其他的商品。

兩個經紀人到萊比錫市。在同一天，修繆凱收到了他倆的來

信。信裡寫著。他倆在經過一連串的辛勞之後，終於獲得成功，可說是一則喜訊。

數天後，交換的貨品送抵修繆凱那兒。收下襪子的經紀人送來了手套，而收下手套的經紀人卻送來了襪子！

鬍子學

凡是正統派的猶太人都留著鬍子。

郝貝斯教他兒子做生意的訣竅。

「我說兒子啊，如果鬍子蓬亂的猶太人向你借錢的話，你可以立刻借給他。至於留兩撇鬍子的人想借錢的話，就要特別慎重啦！假如對方的鬍子摸起來會扎人的話，那就一絲一毫都不能借給他！」

「爸爸，這到底是基於什麼理由呢？」

「這個嘛……鬍子蓬亂的男子通常都日夜走動著，思考著應如何還錢。至於留兩撇鬍子的男人嘛！老是如此想著——在什麼情況之下我才應該還錢？如果是鬍子會扎人的男子，他必定會一面撫摸鬍子一面說——我是絕對不會還錢的！」

靈機一動

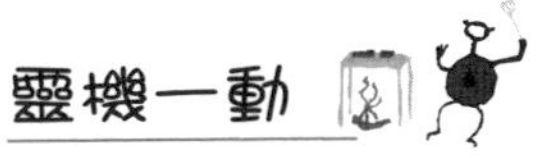

戚洛美瘦弱無力，是典型的藥罐子，偏偏他是搞雜貨店這一行的，時常得揹著批來的貨物，很吃力的帶回自己的店裡。有一天，他揹著一箱貨品在溽熱的街道上上氣不接下氣的舉步。就在

這時，他瞧到富有而孔武有力的尹旺走了過來。

「尹旺先生。」戚洛美要求他說：「拜託你幫我扛這個箱子好嗎？我給你二十馬克。」

尹旺表現出很憤怒的模樣。他想——我才不要為猶太人扛箱子呢！更不想賺他的工錢！而斷然的拒絕。

他倆並肩走著。戚洛美感到他快支撐不住了。就在這時，他想到了一個妙策。

「尹旺先生……」戚洛美以央求的口吻說：「閣下有的是錢，我現在非常拮据。我會給你很高的利息，你能不能借我一千馬克呢？我可以給你這一箱東西作為抵押。」

戚洛美打開了沈重的箱子。瞧了裡面的東西以後，尹旺眼睛為之一亮。他掏出一千馬克給猶太人，再把那口箱子扛了起來。

他倆默默無言的走著。隨著太陽西沈，天氣轉為涼爽。而且也已經抵達市鎮了。

「尹旺呀！」戚洛美出其不意的說：「我仔細的想了一陣子，向您借錢有一點兒不妥，我不想借了。喏，我把一千馬克還給您，這是利息五馬克。請您把那口箱子還我吧！」

渡河費

貧窮的流動攤販要求船家：

「拜託您，渡我到對岸好嗎？」

「好吧！那麼渡河費呢？」

「我身上一文錢也沒有，不過我可以教您致富的祕訣。」

船家有點兒遲疑，但還是答應了流動攤販。

抵達對岸後，船家興沖沖的問：

「好吧！你的渡河費呢？」

「我的渡河費嗎？如果你想致富的話，那就不要渡沒錢的人過河呀！」

光明正大

「貝魯魯，你能夠以一百元買我的馬嗎？」

「我才不要呢！這種駄馬只值二十元。」

「你可以不買，但不能殺價，因為明天到馬市的時候，我要光明正大的發誓，有人和我談過一百元買我這匹馬呢！」

馬車

「考恩先生，明天我女兒要結婚，您的馬車能不能借我？」

「實在非常抱歉，我不能借給您。因為每逢婚禮時，大夥兒都會喝得七顛八倒，亂用馬車，馬車很容易壞掉。不過，我可以預先答應您，當舉行您的葬禮時，我倒可以把馬車借您用用。」

賽馬

「沙羅，咱們一塊到賽馬場去吧！」

「有什麼看頭嗎？」

「咱倆可以瞧到馬在賽跑呀！」

「那麼，門票是多少錢呢？」

「一元。」

「乖乖，要一元！乾脆讓我自己來跑吧！」

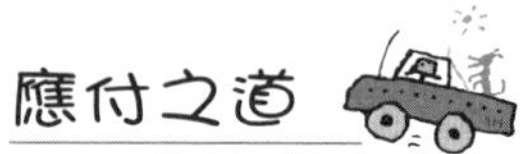

洛德到老闆戴維斯那兒告密，他說——修華滋偷了保險箱裡面的錢。

老闆叫修華滋來談談。老闆問他：

「你的週薪多少？」

「二十盧布。」

「那麼一點錢怎麼夠開銷呢？」老闆說：「我把你的週薪調整一下吧！」

洛德聽了這句話，非常的不受用。

「老闆，您這是對付小偷的方法嗎？」

「你說對啦！」老闆承認。然後他又對修華滋說：

「我把你的週薪提高為六十盧布吧！」

洛德再也不能忍耐下去啦！

「老闆，你這是在獎勵小偷呢！十年以來，我的週薪一直只有二十盧布。」

「你稍安勿躁！」老闆安慰洛德說：「你就等到週末吧！到時，我會把修華滋罵得狗血淋頭。那個流氓啊，失掉了週薪六十盧布的工作，一定會哭得死去活來。如果是週薪二十盧布的話，他是會滿不在乎的！」

討債祕方

梅雪克向克羅楊批購了價值一千兩百馬克的布匹，但始終不付錢。克羅楊叫伙計去收帳時，梅雪克都會巧妙的溜掉，寄信催討的方式也行不通，因為他一向以靜制動，始終不理不睬。

「唉……我該怎麼辦呢？」

正當店主感到束手無策而嘆氣時，一個新進的店員說：

「我有一個討債祕方。您不妨先寫一封催債信給梅雪克，叫他盡快還一千八百馬克的債款，再瞧瞧他有什麼反應。」

果然，不久以後梅雪克就回信了：

「你實在是一個可惡至極的傢伙。以後再也不到你那兒批貨啦！你是否吃錯藥啦？我只批了一千兩百馬克的貨，你卻要我付一千八百馬克！隨信附上一千兩百馬克的貨款——如果你不怕多耗費冤枉錢的話，那就到法院告我吧！」

小心為妙

齊洛沙欲辭退了服務長達二十五年的忠實出納員。

「我到底做錯了什麼事呢？」出納員很不服氣的說。

齊格沙從容不迫的回答：「難道你要叫我等到那一天嗎？」

放靈光一點！

管理帳簿的人員對老闆說：

「老闆哪！吉布拉多的那一筆帳款進來啦！不過多了三百元。我該怎麼處置那些多出來的錢呢？」

「你放靈光一點行不行？連這件事情也要問我嗎？好吧！我告訴你怎麼做吧！你就把一百五十元放入我的帳裏，其餘的一百五十元就分給所有的職員吧！」

功勞

在漢堡經營男裝店的孟德爾因為臨時有事必須外出一段時間。他叮嚀女婿暫時幫他看管店面。他對女婿說出要領：

「貨品都繫著一張紙牌。上面並沒有印著價錢，只有利用點為記號。一個點表示十克羅尼（譯按・Krone，昔德國十馬克金幣），兩點表示二十克羅尼，以此類推。一開始對顧客先說出兩倍的價錢，如果顧客一再殺價的話，就不妨降到標記的價錢……」

孟德爾回來時，女婿交給他一百二十克羅尼說：

「爸爸，剛才賣出了一件大衣。」

孟德爾一臉納悶：

「店裡並沒有那麼高價的貨品呀？」

孟德爾戴上了眼鏡，瞧了紙牌一陣子，然後很高興的說：

「哇！原來是蒼蠅屎的功勞！」

易夫蘭慶祝他的開店紀念日。教區會長帶著理事們來祝賀，在祝辭中不斷強調易夫蘭的清廉。

易夫蘭深深的感動，說出了他的謝辭：

「會長的話句句屬實。已經整整五十年了，託大夥兒的福我才得以維生，當然，那是因為從來沒有人能抓住我的狐狸尾巴……」

「聽說你家發生了火災，你保了火險沒有？」

「廢話嘛！如果不保火險的話，我的房子焉能燒起來呢？」

「老艾啊！你想想看，我的女婿竟然說我是小偷呢！」

「那……那又怎樣呢？家人之間本來就沒有祕密嘛！」

傘

貝露露進入猶太人經營的酒店，就坐在陌生男子的身旁對他說話：

「昨夜，我好像在這家酒店見過你。」

「哪兒話。」該男子回答：「我有生以來，不曾見過妳呀！」

貝露露說：「我也是啊！不過，我看到了你的傘，就知道是你……」

「可是……我昨天沒有拿這把傘呀！」

「那是可以理解的事情——因為昨天是我帶著它的呀！」

誰來付錢

在酒店裡。

「我說尼爾啊！你付帳了沒有？」

「還沒呢！」

「我也沒有付哩！既然如此，咱們還在等什麼呢？」

自找麻煩

馬爾丁跟幾個朋友痛飲到三更半夜。翌日早晨醒過來時，他感到頭腦昏沈。他記得曾經借二十元給其中一人，但是他一直想

不起來對方是誰。

馬爾丁在一籌莫展之餘，只好向老婆求救。老婆告訴他：

「你就一個個的拜訪他們吧！再對他們每一個人說：『你早，關於那些錢……』如此的話，借錢的人就會還給你。」

馬爾丁認為老婆說得有理，於是到第一個酒友家裡：

「你早……」馬爾丁和顏悅色的說：「關於那些錢……」

酒友聽了這句話，喜不自勝的說：

「那就太謝謝你啦，虧你想了起來。去年我曾經借給你五十元，我一直以為你忘記了呢！」

作弊

坎恩跟波拉克在咖啡屋賭橋牌。坎恩突然憤怒得跳起來指著波拉克大叫：

「波拉克！你作弊！」

「天哪！你別大驚小怪好不好？」波拉克故作鎮靜的說：

「你不說，我也曉得自己在作弊呀！你不要再雞貓子般叫嚷，行嗎？」

第五張的「王」

在匈牙利著名的賊窟諾易多拉的咖啡屋，數名猶太人正在賭紙牌。

突然，伊西諾爾跳起來說：

「真是要不得！咱們這些人裡面有人在耍詐！」

其他的人聽了這句話，面面相覷。

「什麼？到底是誰那麼卑劣呀？」

「我怎麼知道是誰呀？」伊西諾爾更為慌張了起來：「我把第五張的『王』藏在長統靴裡面——天曉得，有人把它偷啦！」

擔心被偷

諾多拉到布達佩斯拜訪他的舅舅，準備住一陣子。

有一天，諾多拉從外面回來時，發現舅舅正蹲在他的行李箱前裝第二道鎖。

「舅舅！」諾多拉感到奇怪的問：「您不必那樣做啦！旅行箱已經有牢固的鎖了，不會有人去偷裡面的東西的。」

「我並不擔心誰會偷你的東西。」舅舅如此說明：「我只是在擔心，有人會把我的東西裝進裡面。」

這樣太便宜他啦！

修洛米是一名推銷員，為了做生意時常必須走過一座森林，而這座森林常常有強盜出沒。

修洛米的老婆勸他帶一把手槍。

「為什麼嘛！」修洛米以不以為然的口吻說：「是否要把手槍也送給他們？那樣未免太便宜他們啦！」

並非勒索

貧窮得幾乎要斷炊的拉巴波德在實在無法生活下去之下，決心當一名強盜。早晨起身以後，拉巴波德帶著磨亮的菜刀進入森林裡面，等待著獵物的出現。等了好一陣子以後，好不容易有一個體格魁偉的莊稼漢進來。拉巴波德立刻從樹後跳出來，揮舞著菜刀說：

「你要錢，還是要命呢？」

在那一瞬之間，莊稼漢嚇了一跳。然而，當他看清對方是寒酸瘦小的猶太人時，突然噗哧的笑了出來。

「看起來你的肚子好像很餓。」莊稼漢說：「我就給你一塊美金吧！」

拉巴波德翻弄著莊稼漢給的那一枚錢幣，然後憤然的說：

「只有一塊美金嗎？你以為我在勒索嗎？我可是強盜哩！」

不適合猶太人

佐沙夫多的生活很困苦。在窮途末路之下，他想鋌而走險做強盜，於是從廚房拿出一把菜刀進入森林裡面碰運氣。想不到他每一天都空手回家。看了這種情形，他的老婆一直在奚落他。

「妳呀！把所有的事情都想得太過簡單啦！」佐沙夫多皺起了眉頭，嘆了一口氣說：「妳認為在早晨的那一段時間裡大家會走過森林嗎？告訴妳！時間太早了一些。在那段時間之內，大夥

兒必須做早晨的禱告。就算是強盜，他們也不會在半途放棄禱告呀！到了日落黃昏時，大約在傍晚的禱告時，大夥兒才會通過森林回家。可是即使是強盜，禱告也不能在中途停止啊……我說親愛的莎拉，猶太人似乎不適合當強盜哩！」

現金掛號

銀行家卡尊弗斯剛獲得爵位不久。如今，他的稱號為——「芳・尊弗斯」。

有一天，郵差來到了銀行，叫著：

「卡・尊弗斯先生您的現金掛號！」

銀行家怒不可遏的說：

「這裡早已經沒有叫做卡・尊弗斯這個人啦！如果不是現金掛號的話，我才不會接受呢！」

萬不得已

有錢但是吝嗇成性的猶太商人漢斯帝曼進入銀行，然後有氣無力的說：

「從紐倫堡坐火車到此地，差不多把我的骨頭都拆散啦！」

「您搭幾等車廂呀？」

「三等車呀！」

「唉……您也真是的……」

「那又有什麼辦法呢？火車又沒有四等車廂！」

電報

希魯修坦霸佔了電報局唯一的桌子，思考著他要拍出的電文。火急的想打電報的人們簇擁在他的四周問：

「我們能夠幫您的忙嗎？」

「那太好啦！」他說：「那請告訴我如何把『無賴』、『騙子』以及『快還錢』三句話濃縮成一句話吧！」

假銅幣

「哇！不好啦！摩里斯會窒息呢！那孩子把你給他的六便士銅幣吞下去啦！」

「妳安靜些，不要煩惱，那些是假的銅幣。」

免費獲得梨子的訣竅

「爸爸，外面有人在賣梨子。您給我一塊美元吧！我也要買一個。」

「你不必向我要錢呀！只要出去對他做個鬼臉、吐一口水，他就會把梨子扔到你頭上了。」

賀年片

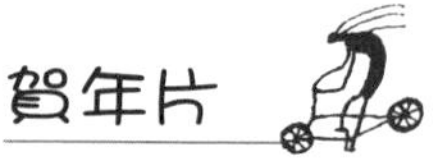

卡勞瓦對管理帳目的人員說：「你怎能在沒徵得我的同意之下，就逕自向所有的顧客發出賀年片呢？今後不許你那樣做了。只有我一個人能夠決定為誰祈求幸福的一年。」

金融資本家

「爸爸，所謂的金融資本家，就是指賺很多錢的人嗎？」

「不是的。所謂的金融資本家，乃是把別人賺到的錢，很巧妙地捲走的人。」

支票比現金更安全

「一半付現金，其餘的一半使用支票支付。」

「我不收支票。那太危險啦！」

「什麼叫做危險呢？支票比現金更安全。現金的話可能明天就會花光。但是我開的支票將永遠的留在你手裡，甚至留給你的子孫……」

白跑

布行老闆普洛貝嘉以賒帳的方式，把布匹賣給西服店的老闆——想不到西服店老闆久久不付帳。普洛貝嘉再三到西服店要求西服店的老闆說：

「每週我都千里迢迢的到此地跑一趟，結果呢？每次都是白跑。叫我一次又一次的白跑，想必你也會感到沒有面子吧？」

「是啊！」西服店的老闆承認：「的確，我感到非常沒有面子，不過事情很快就能夠獲得改善。我可以向你保證。」

「你真的要付錢給我了嗎？」普洛貝嘉眉飛色舞的說。

「不是啦！」西服店的老闆回答：「最近我的店就要搬到貴鎮去啦！以後你就不必千里迢迢的跑來此地了呀！」

有去無回

沙阿泰的信用很差，有一天他去拜訪好友吉魯飛爾。

「你能借給我二十元嗎？只借兩天就行。我要用那些錢做一宗買賣。」

「那麼，你做那一宗買賣能夠賺多少錢呢？」

「我可以淨賺十元。」

「好吧！那麼，我就給你十元。如此的話，咱們都可以賺到十元。」

時間

年輕的商人：「實在叫人感到無聊透了！我覺得時間彷彿停下來似的。」

年老的商人：「我可以給你一個藥方。你不妨開幾張三個月的期票。如此一來，你就會感覺到時間飛也似的過去。」

保證

「客官，您買了這把漂亮的傘吧！我敢保證它是純綢的。」

「可是，太貴啦！」

「那麼，您買這把好了。這把傘也很漂亮，而且並不貴，只賣五馬克。」

「這把傘也有保證嗎？」

「那當然。」

「保證它是純綢嗎？」

「不是的……」

「那麼，你又保證什麼呢？」

「這個嘛……我保證它是一把傘。」

懷錶

楊凱夫到鐘錶店買一個懷錶。他問店員：

「這種懷錶真的會走嗎？」

「我保證絕對會走。」店員斷然的說。

不過，到了那一天的黃昏，懷錶停下來不走啦！

楊凱夫到鐘錶店大嚷了起來：

「你瞧瞧這個懷錶！今早才買的，現在就不走啦！」

「這也算不了什麼嘛……」店員沈著的說：「換成是你，從早晨工作到黃昏的話，總想坐下來休息一下，你說對不對？」

自己走路

「卡明斯基從昨天起，讓我一個人自由自在的走路了。」

「曾幾何時他變成了博愛主義者呢？」

「哼！什麼博愛主義者呀！只是我向他借了錢，他以我的馬車做抵押，所以俺不得不勞動一雙腳走路呀！」

找錯幾次

店員對長年的顧客說：

「謝利姆先生，您昨天拿十美元給老闆，對他說上一次找錯

了錢，找給您太多，對不對？有一件事情是你萬萬料想不到的。自從你退回他十美元以後，他越想越傷心，幾乎整天都在哭呢！他在想不知多找給你幾次呢……」

笨傢伙

克勞恩跟弗利多曼做生意失敗。

「我伯父在布里恩。」弗利多曼說：「我要去揩一點油。」

兩天後，弗利多曼回來了。

「如何？揩到油沒有？」克勞恩問。

「有啊！收穫不壞。」弗利多曼很滿足的說：「伯父叫我二選一。那就是給我五百美元，或者借我一千美元。」

「那麼，你選擇哪一樣呢？」

「我要了五百美元。」

克勞恩不滿的搖搖頭說：

「你太笨啦！另外一半的五百美元泡湯了啦！」

絕不再喊價

蕭利姆準備到華沙，他在售票口問站務人員：

「到華沙的車票多少錢呀？」

「二十塊錢。」

「我出十塊錢。」

「你少打哈哈啦！車票不能殺價呀！」

「可是我身上只有十塊錢。」

「車票是無法打折的！」

就在這個節骨眼裡火車進站了。它停了一陣子，然後就又開始要移動了，並鳴起了汽笛。

蕭利姆對著逐漸遠去的火車怒吼了起來：

「你儘管叫吧！反正啊，我不會出十元以上的價！」

雪茄

老井站在百貨公司的前面，目不暇給地瞧著裡面琳琅滿目的貨色。他身旁有一個穿戴很體面的紳士，站在那兒抽著雪茄。老井恭敬的對紳士說話：

「您的雪茄很香，好像不便宜吧？」

「一支兩美元。」

「乖乖……嚇煞人啦！您一天抽多少支呀？」

「抽十支。」

「天哪！我的祖奶奶唷！您抽多久啦？」

「打從四十年前就開始抽啦！」

「哇！請您算算看！如果您不抽的話，可以用那些錢買下這棟百貨公司啦！」

「那麼說，您也抽菸囉？」

「俺才不抽呢！」

「那麼，您買下了這一棟百貨公司嗎？」

「沒有啊！」

「告訴您！這一棟百貨公司就是我的！」

競爭對手

「伯父大人，如果您不給我一千元湊足學費的話，我就要投水自盡。」

「你不怕感冒嗎？」

「那麼，我就用手槍射擊自己的頭部。」

「你的頭硬得像石頭，子彈會彈回來的！」

「好吧！我就拿一根繩子上吊……」

「你沒聽說過，吊不死的話是如何的痛苦嗎？」

「那……那……我不再讀書啦！我就在您的對面開一家跟您一模一樣的店。」

伯父嚇了一跳說：「好吧！我給你錢。」

大拋售

「據說，老畢要以低於批發價的行情拋售全部的商品呢！」

「我所要知道的是，那傢伙到底要以什麼價錢出售。因為他全部的庫存品至今連一文錢也未付哩！」

運氣太差

「我的運氣太差了！昨天我曾向雷奧克羅借了十馬克，想不

到他在今早死啦！」

「這怎能算是運氣太差呢！」

「當然是運氣太差了呀！如果我早知道他今天就會死掉的話，或許會向他借一百馬克哩！」

精神病

「聽說楊凱夫濫開空頭支票，以致被送去精神病院，是否是真的？」

「哪裡，原因並非他濫開空頭支票，而是他想付出每張支票上面的金額。」

瘋子

「克勞楊向咱們借了兩千馬克。怎麼這些日子以來都沒有看到他呢？」

「你難道不曾聽說過？他已經發瘋啦！自稱為羅斯達男爵，到處在散財呢！」

「如此說來，他很快就會把兩千馬克還給咱們囉？」

「我也不敢下斷語，或許，他還沒有瘋到那種程度吧！」

輸出產業

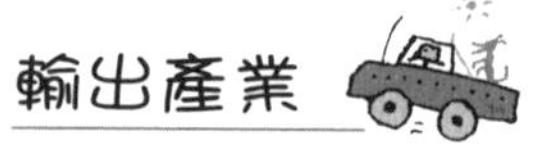

第一次世界大戰後，德國發生了通貨膨脹的現象。印度雖然為英國的殖民地，但是快要獨立了。

考恩跟雷威在柏林的斐德利熙街相遇。在經過一陣寒暄後，考恩問雷威：

「景氣如何呢？」

「真是一片亂七八糟呢！」雷威嘆了一口氣說：「這一次的通貨膨脹害慘了我，你的情況又如何呢？」

「很不錯呢！我做印度人的生意。」

「你賣一些什麼呀？」

「戰爭期間寫著『神呀！懲罰英國吧！』的掛軸殘留了很多，我就免費的把它們接收過來，陸續的向印度輸出。」

情報

那是一九三〇年代初期，經濟大恐慌的時代。纖維業者哥爾貝嘉為了取得同業的最新情報，拜託一位友人代為奔走打聽。不久以後，友人寫信給哥爾貝嘉說：

「其實也不必探求什麼情報啦！最近哪，從商者只有兩種人。一種是確實沒有任何東西的人，另外一種是不具有確實東西的人。」

簽名的車票

在布列斯勞開往柏林的特快車中，一名乘客弄丟了車票，在快抵達終點站柏林前，慌張地到處尋找。他的對面坐著一個名叫拉畢諾的男客。

「只要你付給我五馬克。」拉畢諾對弄丟車票的乘客說：「我就把我的車票送給你。」

「如此一來，到站時你要怎麼辦呢？」

「你別擔心，我自有辦法。」

交易成立了。不過在交出車票以前，拉畢諾在車票背面寫了些字。

列車靠站之後，弄丟車票的人拿著拉畢諾給他的車票通過剪票口。拉畢諾也輕鬆地走出剪票口，站務員看他沒車票就拉著他說：

「你的車票呢？」

「剛才不是給你了嗎？」拉畢諾說。

「根本就沒這回事！」站務員叫了起來。

於是造成了一場騷動。站務員把他揪到站長室。

「我分明把車票交給了你！」拉畢諾說。

「你有證據嗎？」站長以嚴厲的口吻問。

「證據嗎？」拉畢諾說：「當然有啊！前幾天也發生了類似的事情，因此我格外的謹慎，只要搭乘火車我都會往車票背面寫好名字。我的名字叫拉畢諾。」

兩個人都破產

沙米在希特勒時代移民到澳洲的墨爾本，想在那兒發一筆財。他所開的店正好在義大利人安東尼開的店的對面。

安東尼眼看著新的競爭對手出現，惶惶然不可終日，只好在自家店門前面立了一塊看板——

「火腿，一磅只賣五毛錢」。

沙米也在看板上寫著：「一磅四毛錢」。

安東尼即刻下降到三毛五，沙米則下降到三毛。

安東尼火大啦！他奔入沙米的店裡面大叫著：

「你瘋狂降價的結果，咱倆都會破產呢！」

沙米皮笑肉不笑的說：

「什麼『咱倆』？只有你會破產罷了。我的店裡只有猶太人的食品，根本就沒有什麼火腿呀！」

（編按：猶太人不吃豬肉）

景氣低迷

「最近的景氣如何？愛華斯先生。」

「太差勁啦！實在太差勁啦？」

「奇怪？你怎麼那樣說呢？我聽說，兩三週以前你才繼承了伯母的遺產呀！」

「你說的沒錯。」

「至於，上一週，聽說你的大伯父去世，你也獲得了不少東西，對不對？」

「你說的沒錯。」

「既然如此，你為何還說景氣不好呢？」

「就是嘛……因為本週到現在一直都沒有什麼動靜啊！」

召募會員

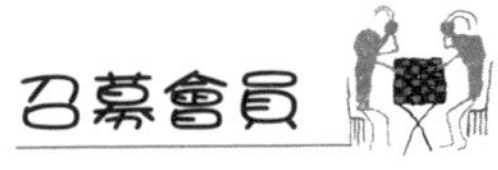

貧窮的魯賓每天都在紐約的混凝土工廠中勞動，唯有星期天才能夠帶著家人到郊外遊樂。有一天，他們發現了一片適合野餐的綠地。不久，草坪的四周就散滿了他們用過的紙袋、蛋殼、瓶子以及紙盤。

突然，穿著制服的管理員出現，大聲的對魯賓一家人咆哮：

「你們怎麼亂搞一通呢？此地是富人們的高爾夫球場呀！入會費用為三千美元，年會費為五百美元。為了照顧這些草坪，我們用盡了心血。而你們卻一下子就把它污染了！你們快點滾吧！否則的話，我就要叫警察了！」

「您不要衝動嘛……」魯賓以沈著的口氣回答：「難道這就是你召募新會員的方式嗎？」

第九篇
猶太人的民生問題

■ 一味挑剔自己毛病的人，看不見別人的缺點。

只管挑剔別人缺點的人，看不見自己的毛病。

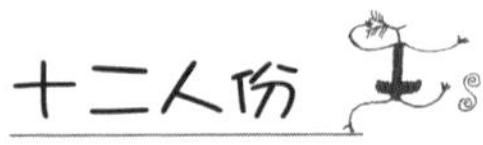

十二人份

多數學習「塔木德」的學生幾乎都是身無分文。正因如此，市鎮的居民都要輪流請他們吃飯。至於輪到哪一家提供飲食，學生們是沒有選擇餘地的。

一名叫多輝的學生，每星期兩次被招待到商人吉魯曼家吃飯。他的食量非常驚人，吉魯曼忍受了很久，直到某一天他再也忍受不了，他說：

「我說學生朋友啊！請你在十二點鐘駕臨吃一人份吧！千萬別在一點鐘駕臨而吃十二人份啦！拜託……」

地球會旋轉？

喜歡「語不驚人死不休」的主人，每逢星期五都會叫貧窮的學生到他家吃飯。雖然大夥兒都圍著同一張桌子吃飯，然而，家人們一直吃著好食物，學生卻要吃著不好而難以下嚥的食物。主人叫學生坐在餐桌的末席，使他們的手伸不到盛著佳餚的大盤子。同時，主人還批評聖經上面的記載，藉此揶揄貧窮的學生。

猶太人自古以來就有一種習慣，就是在吃飯時必得說一些對大家有益處的話。

有一天，主人說：

「為何約修在吉利亞多戰役時，能夠使太陽靜止下來呢？事實上，太陽本身根本就不移動，只有地球在旋轉罷了。」

末席傳來了激烈的抗議之聲：

「那不是真理！」

「你有意反對我的說法嗎？」主人不高興的說。

「因為你說的話不合邏輯。」學生們十分反對說：「如果地球真的在旋轉的話，這張餐桌一定也會旋轉，如此一來，你們所吃的佳肴有時也會旋轉到我們面前才對……」

跟魚的問答

貧窮的學生在富翁羅森家作客。不過，學生的座位永遠在餐桌末端，根本就吃不到主人所享用的佳肴。

在某個星期天的夜晚，女主人端出了一大盤的梭魚。不過，卻在學生面前放了一條小白魚。

學生把臉靠近盤子上的魚，小聲的跟牠說話。

「你在幹什麼呀？」主人感到奇怪而發問。

「我在問魚一個問題呀！」學生煞有其事的說：「魚已經回答我了。」

「噢……」主人感興趣的說：「你到底跟魚說了什麼話呢？說給咱們聽聽。」

「好的。」學生回答：

「我問魚是否認識兩年前溺死的鞋匠約克。魚說，牠根本就不知道那件事情。牠說：『那時，我根本就還沒有生出來呀！你不妨問問餐桌那一頭的大魚……』」

麵條的戰爭

一個研習「塔木德」的學生乞求在宣教師家裡過一夜。宣教師答應了他——想不到該學生住了好幾個星期，根本就沒有要走的意思。於是宣教師跟他的太座想出了一個對策。他倆商量好，在該學生面前假裝吵架，到時，該學生一定會袒護其中的一個人。藉此，不被袒護的那一方就可以把學生「轟」出去了。

一家人圍著桌子吃熱氣騰騰的麵條。

「天哪！這些麵條還能吃嗎？簡直叫人難以下嚥！」宣教師開始演戲了。

「你是怎麼啦？想在雞蛋裡挑骨頭是不是？」太座不甘示弱的兩手扠腰抗議。

宣教師又說了一些不中聽的話，於是他倆吵得天翻地覆。想不到學生竟默默吃麵，而且把一大盤麵條都吃光啦！

「你……」宣教師說：「你來評評理，我倆到底孰是孰非！」

「先生、夫人。」學生很客氣的說：「我可不懂麵條啊！」

雞腿

星期五晚上，有個學生被招待到宣教師家裡吃飯。待一盤烤雞被端上桌子時，學生以迅雷不及掩耳之勢扯走了兩條雞腿。

「我也很喜歡吃雞腿呢！」宣教師以輕責的口吻說。

學生聽了之後說：

「不過，沒有比我更喜歡雞腿的人了……」

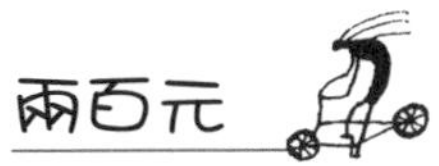

兩百元

一個教區的會長由於太匆忙，忘了指示一個貧窮的學生應該到哪一家吃安息日的盛宴。於是該學生只好自己決定，準備到有錢而吝嗇的巴頓泰修家吃一頓。

他對巴頓泰修說：

「你請我到府上吃安息日的盛宴吧！只要你肯如此做，我就對你說出比一百元更貴重的東西。」

巴頓泰修一時猶豫不決，但是由於學生所說的話叫他感到好奇，於是他決定款待學生。

待吃過了盛宴，巴頓泰修迫不及待的說：

「比一百元更好的東西是什麼呀？」

「那就是兩百元呀！」學生說：「難道你愛兩百元的程度會不超過一百元嗎？」

黃金的價值

貧窮的售貨員費南度在星期五夜晚抵達一座小鎮。他沒有錢吃飯，更住不起旅館。於是，他只好到教區會館找會長，拜託他指點能提供安息日食宿的家庭。

會長翻遍了雜記簿，然後說：

「這個星期五，經過這座市鎮的窮人非常之多，每一家都安

排有客人，唯獨金飾店的修美爾家例外。只是，他一向都不收容任何客人的。」

「他會接納我的！」費南度自信滿滿的說，並在禱告完以後就直接走到修美爾的金飾店。待修美爾出來時，費南度神祕兮兮的把他拉到一旁，再從大衣口袋取出了磚頭狀的沈重布包，小聲的對修美爾說：

「磚頭大小的黃金能夠賣多少錢呀？」

金飾店老闆的眼睛立刻一亮。不過，已經到了安息日，再也不能說及有關生意方面的事情。他認為——如果讓這個陌生男子走了的話，他很可能會去找其他的同業，如此一來就會失去賺錢的大好機會。於是他對費南度說：

「這個東西不容易估價呀！我看這樣吧！安息日您就居住在寒舍吧！待明天晚上咱們再來談談。」

於是，在整整一天的安息日裡，費南度受到王侯一般的款待。到了星期六夜晚，可以再做生意時，修美爾笑容可掬的催促費南度說：

「好吧！你把金子亮出來，讓我瞧瞧……」

「咦？什麼金子、銀子呀？」費南度驚愕萬分的回答：「我不過是想知道，磚頭大的金子值多少錢罷了。」

烤鵝

貧窮矮小的教區事務員——楊凱夫到富有的會長那兒吃午飯。餐桌上放著一隻香噴噴的烤鵝。貧窮的楊凱夫平常連麵包也吃不到，經常饑腸轆轆。他想到了自己眾多挨餓的孩子時，眼眶

裡蓄滿了淚水。

「楊凱夫，來吃烤鵝呀！」主人很熱情的說：「你先切吧！」

說著，會長把烤鵝推到楊凱夫面前。

楊凱夫遲疑了一下，然後問：

「我不管在什麼地方切烤鵝，你都不會反對嗎？」

「當然不會。」主人很肯定的說。

「那麼……」楊凱夫把烤鵝捧過來，臉上充滿了光彩的說：「那我就把這隻烤鵝帶回家去切啦！」

一群窮鬼

梅雪利茲的易爾吉榭到波森富有的親戚家拜訪，一住就不想回去了。

親戚眼看著易爾吉榭不想走，於是想盡辦法要下逐客令。當天在吃飯時，他裝成很為難的樣子，長嘆了一口氣說：

「物價飛漲啦！眼看著就不能使每個人吃到肉啦！」

易爾吉榭說：「那就奇怪哩！梅雪利茲的東西都很便宜呢！一公斤牛肉只賣半馬克而已。」

「那麼……」主人很高興的問：「那麼，你為什麼不回梅雪利茲呢？」

聽了主人的話，易爾吉榭很無奈的說：

「可是，走遍梅雪利茲，並沒有一個人擁有半馬克呀！」

倒楣的男人

一個到紐倫堡銀行家住處詐騙金錢的男人，連連嘆息著說世上沒有比他更倒楣的男人。他說：

「如果您不相信我所說的話，此張是鎮上宣教師的證明書，可證明我的房子被燒毀了，急需大家伸出援手。」

銀行家拿著那份證明書走了出去，幾分鐘後他回來說：

「很偶然的，鎮上宣教師的公子在此銀行上班。他說，這份證明是假的！」

「到此，您已經明白了吧？」騙子長吁短嘆：「瞧！我並沒有說謊呀！我的運氣實在夠壞啦！為何宣教師的公子會在你的銀行上班呢？」

我的生意

在銀行家芳凱魯的祕書室。

「為了生意上的一些問題，我想見見方凱魯先生。」

「算了吧！誰不知道你是來詐騙的！」

「是啊！詐騙就是我的生意呀！」

什麼事情也沒有

「布勞，你看起來無精打采的，到底怎麼了？」

「什麼事也沒有。」

「既然什麼事情都沒有，為何無精打采呢？」

「就是因為什麼事情也沒有，才會無精打采呀！」

國際性

在兩次世界大戰的間隔，波蘭的猶太人生活得很貧困時，楊凱爾說：

「反猶太主義者非難說，猶太人的立場曖昧不明，具有國際性的傾向，說得實在一點也不錯。例如以我自己來說吧！

我這個小店，乃是得自於『美國援助猶太人機構』的資金。

我每個月的生活費，乃是在阿根廷的兒子寄來的。

我的稅金——一向由加拿大的叔父代付。

我的煤炭——一向由倫敦的『波蘭猶太援助協會』提供。

我的馬鈴薯費用——每年都由在巴黎的姊姊送來。

我腳上穿的鞋子。它是來自約翰尼斯堡的『紅十字會』。」

哀悼

多倫達離開赫多洛夫，到大都市倫貝斯堡求發展，果然大有斬獲。有一天，故鄉的一名貧窮猶太人來訪，多倫達裝成不認識他的樣子，冷漠的問對方：

「你來找我有什麼事情？」

「噢……沒什麼……」那個猶太人頓時覺悟的說：「只是來為你哀悼罷了。想不到你來到倫貝斯堡以後，眼睛、耳朵，以及記憶力都不行啦！更悲哀的是——你連自己跟昔日的朋友都不認識啦！」

速戰速決

修華茲與懷斯小時候一同上學。後來修華茲變成了富翁，懷斯卻是一直潦倒。

有一天，懷斯去拜訪修華茲說：

「修華茲啊！彷彿一切都是昨天的事！在求學時代裡，咱們是最好的朋友呢！」

「這裡有一百馬克。」修華茲打斷了懷斯的話說：「你把那件事情忘掉吧！」

富人的徵候

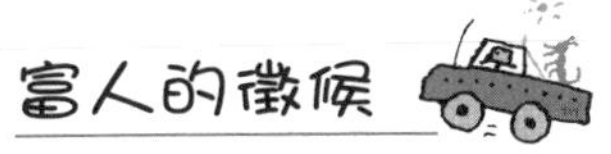

一個猶太教宣教師問村子裡面的貧窮猶太人，最近的生活情況怎樣？

「我好像就要變成有錢人啦！」他回答。

「『好像要變成有錢人』，這句話是什麼意思啊？」

「因為，我已經顯現了變成有錢人的最初的徵候。最近哪！我變得貪婪無厭，對貧窮的人完全沒有同情心啦！」

善行

修華茲死了，他的靈魂去叩天堂的門，聖保羅打開門。

「讓我進去好嗎？」修華茲說。

「你不必慌張。」

聖保羅以嚇人的臉色說：「讓你進天堂前我必須問你一句話，你在人世間做了什麼好事沒有？」

修華茲想了很久以後說：

「有一次，我給一個乞丐一馬克。」

「還有沒有呢？」聖保羅問。

想了好久以後，修華茲才說：

「兩、三年後，我再給一個乞丐一馬克。」

「這就是你的全部善行嗎？」聖保羅問。

「哪兒話。」修華茲說：

「在我死亡幾天前，我又給第三個乞丐一馬克哩！」

這一次，輪到聖保羅想了好久，然後才說：

「喏！三馬克還給你！你立刻拿著它們下地獄去吧！」

第十篇
猶太人的信仰

■ 凡人非神，終究無法達到盡善盡美的境界。然而不可藉口無法達到盡善盡美，就此放棄努力提升自我。凡人皆有所短，而且改正缺點亦屬人生大事。惟不可藉口惡習難改，就此畏怯消沉。

有個缺乏虔誠信仰心的猶太人為了一件事情，專程去拜訪猶太教的宣教師。碰巧宣教師正在進行早晨的祈禱，讓他等了一段很長的時間。

「你為什麼耗費那麼多時間做一些無聊的事呢？」拜訪者問宣教師說：「你是不是會怕神懲罰你呢？」

「沒錯，第一、我是懼怕神。」宣教師說：「第二、我也懼怕不怕神的人。」

沒什麼可說的

在某鄉鎮的猶太教宣教師每逢到了星期五黃昏說教的時間，都預先拜託腦筋好的同事擬好演講稿。有一天，演講的草稿遲遲沒有送到宣教師那兒，宣教師在焦急之下偽稱臨時生病，賴在床上不肯起身。

教區會長不明就裡，叫醫生去看宣教師到底生了什麼病。醫生早就知道宣教師的底細，因此推說忙碌得分不開身，根本就無暇去診察宣教師的病。但是，教區會長一再的要求，他只好專程到宣教師家裡診察病情；而教區會長則在宣教師的家門前等候。

醫生從宣教師家中走出來說：

「宣教師沒事的，他只是沒什麼可說的罷了。」

太多了啦！

猶太人每逢碰到困難時都會朗誦詩篇，如果很困難的話，除了自己以外，還要邀請別人參與，湊成十個人，集合在一起朗誦詩篇。

約雪爾快生產的老婆已經為持續了兩天的陣痛感到苦不堪言。於是束手無策的約雪爾叫來十名猶太人幫著朗讀詩篇。

待約雪爾回到家裡的時候，他的老婆已經順利生下一個健康的男嬰了，約雪爾非常的高興。

「大爺，真恭喜您啦！」接生婆說：「那都是詩篇帶來的。」

又經過半小時，約雪爾的老婆又生下第二個嬰兒。

「都是詩篇帶來的！」接生婆又叫了起來。

半小時以後，又生下了第三個嬰兒……

約雪爾嚇壞啦！趕緊跑到朗讀詩篇的人群那兒，上氣不接下氣的叫了起來：

「別……別……再朗讀啦……我受不了啦！」

用功

猶太人的宗教書籍非常之多，就是很優秀的學者想研究透徹的話，可能也要耗費畢生的時間。

村子裡的猶太人有事情，欲前往請教宣教師，然而宣教師並不在。

「宣教師到底在哪兒呀？」村子裡的猶太人問。

「他到教師的家裡用功去啦！」宣教師的老婆回答。

村子裡的猶太人感到納悶：

「什麼？宣教師在用功呀！怎麼到現在才用功呢？難道咱們不能擁有一個早就用完功的宣教師嗎？」

斷食

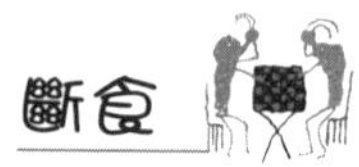

在東方的猶太人地區，有所謂的「巴多蘭」的虔誠信仰者。

這種人通常都沒有職業，生活過得相當貧困。不過只要給他們少許的報酬，他們就會為任何人挑起宗教方面的任務。例如缺人手時幫忙詩歌朗誦，以及為死者祈禱等等。

不過有一件事情是「巴多蘭」所無法代勞的，那就是斷食。因為逢到斷食日，「巴多蘭」本身也必須斷食。

工商顧問貝爾卡每逢到了斷食日，他還是會叫「巴多蘭」的吉姆代勞。

「這裡有五馬克，跟去年一樣，你代我斷食吧！」

「今年已經不能以五馬克斷食了。」吉姆說：「今年我要收十馬克。」

「那又是為什麼呢？」貝爾卡好奇的問。

「那是因為……」吉姆說明：「食物價格已漲兩倍了呀！」

臨終的祈禱

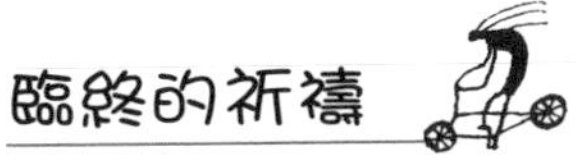

列維老大爺瀕臨死亡邊緣。信仰虔誠的猶太人一個接一個的進來，循著古例，紛紛唸起了臨終的祈禱。因為他們都會背誦經文，唸起來簡直是「一瀉千里」十分流暢。

靜靜聽著的列維老大爺好不容易抬起了他的頭說：

「你們再從頭唸一遍，我可不要被你們急急的逼死！」

記憶力

聖歌隊的詠唱者在某節日來到了小教區擔任祈禱時的主唱。禮拜過後，詠唱者對宣教師一鞠躬。

「你的聲音彷彿黃鶯出谷。」宣教師讚美了一番：

「不過，我最感動的是你的記憶力。」

「我的記憶力嗎？」聖歌隊的詠唱者嚇了一跳。

「可不是嗎？我記得十年前你曾經來過此地。你今天唱錯的地方就跟十年前完全一樣！」

神的高明投資

貧窮而信仰虔誠的斯魯凱，聽到鎮上最吝嗇的富翁卡迪修中了彩券的大獎。

斯魯凱仰望著天空說：

「神呀！信徒每天都乞求祢給孩子們足夠的麵包，但是祢從來就不成全我。想不到神卻偏偏給有錢的吝嗇鬼卡迪修錦上添花。神哪！祢的投資手法未免也太高明一點了啦！」

最新流行

西服店的梅希利在長吁短嘆：

「我的生意越做越差啦！到了這種地步，只好希望救世主來解救啦！」

「你為何要選中救世主呢？救世主跟西服店又有什麼關係呢？」

「你有所不知。只要救世主來臨，死者都會活過來，那時，我的生意就會好轉啦！因為每一個人都要穿衣服呀？」

「你的想法未免太單純啦！到時，死去的西服店業者也會活過來呀！」

「那又有什麼關係？反正他們又不懂得最新流行的款式呀！」

沒辦法仿傚

在東歐的某一個猶太教區，自古以來就有一種不成文的規定，那就是——每逢與新的宣教師訂立契約時，就必須送上一百盧布作為見面禮。不久以後，該村落越來越貧窮，終於使這一項贈與流為形式。

有一次，當新的宣教師到任時，村落代表拜訪他，說：

「咱們帶來了小小的禮物，希望您跟前任一樣，多多為村民們效勞——不過，前一任並沒有接受禮品。」

新宣教師伸出了手，但是他若有所悟的說：

「為了跟前任看齊，我很高興做任何事情。不過，請你想想看，我的前任是一個偉大的人物，也是一個聖者，我實在無法效法他。」

星期五的黃昏，羅森堡看了揭示板，上面如此寫著——

「安息日早晨的宣教——大洪水以及其結果。」

羅森堡跑到宣教師那兒，很慎重的說：

「非常遺憾，明天我會非常的忙碌，實在沒有時間來聽您宣教。不過，我並非故意在迴避。為了大洪水的受害者，我願意捐出五十美元。」

猶太的宣教師去看戲。因為布幕發生了故障無法拉上去，在這種情形之下，只能看到演員的腳。

「就跟我的教區一模一樣！」宣教師嘆了一口氣說：「『腳』很多，『頭』卻連一個也沒有……」

逃得還不夠遠

一個叫荷摩的有錢猶太人一直想當教區的會長。可是，他又沒有勇氣堂而皇之的說出來，教區裡的民眾也沒有準備把那個位子交給他。於是，他決心同宣教師表達自己的心願。他說：

「宣教師，『塔木德』寫著：『追求名譽的人，名譽就會逃離他。至於想逃離名譽者，名譽就越會追趕他！』而我一直在逃離名譽——但是，名譽為何不追趕我呢？」

宣教師知道荷摩想表達的意思，於是回答：

「這個問題很簡單，因為你逃得還不夠遠！」

職員改選

諾易多拉的猶太教區舉行了職員的改選。幾個不學無術的暴發戶不斷跟受到尊敬的名譽區民相爭，終於當選。

新任的職員來跟宣教師打招呼時，宣教師輪流看著他們的面孔，然後說：

「你們知道造紙工廠與職員選舉的不同處嗎？」

「這個嘛……」

「我告訴各位吧！造紙工廠只要放入破爛的東西就會變成紙張。至於職員選舉呢？一旦放入紙張，就會變成破爛東西出來……」

優先權

虔誠的猶太人死後都想被埋葬於有名的宣教師墓旁。

在東歐的某一個猶太教區，剛被埋葬不久的宣教師墓旁有個空位，兩個有錢的猶太人為此相爭起來。一些名譽區民想調停，然而卻沒有用。

終於這件事情傳到新的宣教師那兒。新宣教師仔細考慮了一會兒，然後如此下決定：

「那一塊墓地就讓給先死的人吧！」

這下子，兩個有錢人便不再相爭了。

有其父不一定有其子

某個猶太教區的會長吞了一筆為數不少的公款。

有一天，會長的小孩子吞了一個銅幣，差一點就窒息了。所幸，醫生及時的救回了一條小生命。

於是，該區的猶太人都異口同聲的說：

「這實在是一項奇蹟。老爸每年都吞下不少公款卻面不改色。然而他的孩子呢？吞了一枚銅幣就感到痛苦不堪。」

安全起見

匈牙利諾易多拉市的猶太人不知怎麼的，都被稱之為「盜賊」。

有一天，新的宣教師候補者來到諾伊多拉市接受測驗。他抵達的那一晚住在猶太人經營的旅館。天亮時，他發覺自己的旅行箱被打開過，所幸損失並不太大。

在接受宣教測驗的時候，本來矮小的候補者一站到台上，立刻變成了巨人一般的魁偉。

「猶太朋友們！」他開始說話：「也許你們會感到奇怪，我為何一下子變成如此的魁偉？其實說穿了，乃是很簡單的一件事情，因為我的一雙腳就踏在旅行箱的上面！」

冬季的說教

巡迴演說的猶太教宣教師又再度訪問了「賊窩」諾易多拉市。這次也跟前一回相同，在猶太人經營的旅館裡，他的旅行箱被翻遍了，裡面的東西散了一地。

宣教師氣得七竅生煙，於是他就當著眾多猶太人的面，繪聲繪影地描敘地獄的種種苦楚。例如：酷熱、燙人的河水、火焰到處追人等等，想藉此訓誡好偷的諾易多拉人。

宣教完畢時，一個猶太人走到他身邊，不解的問：

「我說宣教師啊！在五年前，你已經描敘過地獄的種種模樣

啦！為何你又要舊話重提呢？」

「因為那時的訓誡沒有發生作用呀！」

「我看算了吧！那時你說過，地獄彷彿冰窟一般的寒冷，不時都會叫人打哆嗦。今兒個你又說地獄很燠熱，這到底是怎麼一回事啊！」

「那還用問嗎？那時是冬季。如果我說地獄很熱的話，你們豈不是會偷得更起勁了嗎？」

安息日之罪

巡迴演說的宣教師針對在神聖安息日仍然開店營業的人，大肆展開攻擊。

當他說教完畢時，教區中最善於「污染」安息日的修諾森，拿了一大筆錢送給宣教師。

巡迴宣教師非常的高興。到了下一週的說教，巡迴宣教師對安息日的責難轉為很輕微。他認為這麼做，修諾森會拿更多的錢給他。誰知，修諾森一文錢也不曾給他。

巡迴宣教師猶豫了一陣子，終於還是到修諾森家拜訪，並且問他到底這是怎麼一回事。

「很簡單呀！當你針對著我威脅時，我的競爭對手都收斂了，以致除了我以外，沒有一個人敢在安息日開店。不過在聽到了你這一次的說教以後，大夥兒就又會在安息日開店了。」

十戒

眾所皆知，在西乃山的十戒啟示以前曾經有過一場激烈的雷雨。一個被卡利傑亞自由思想所迷惑的男子，始終不認為神有什麼可怕。他頗以此為傲。

想不到，有一天碰到了激烈的雷雨時，他的全身竟然顫抖了起來。看到這種情形時，朋友們群起嘲笑他說：

「你不是一點也不怕神嗎？為何連閃電及雷聲都害怕呢？」

「我才不怕閃電跟雷聲哩！」自由思想者老羞成怒的說：「雷雨交加時，我之所以會感到煩惱，乃是害怕神會再給咱們另一個十戒⋯⋯」

罰金

宣教師說：「休倫斯，你竟然在安息日賭錢？」

「我認罪。」

「你必須罰錢！例如，你可以捐款給學校⋯⋯」

「為何我要被罰錢呢？剛剛我已經輸掉了三十盧布了呢！」

繼承遺產

在一九一四年以前的羅馬尼亞，除了極少數的特權猶太人以

外，一般的猶太人不能擁有私人土地。

擁有這種特權的一個人死了——因為他沒有兒子，居住於卡拉茲的外甥很可能會繼承他的遺產。不過，這個外甥獲得特權的希望很小很小。看來，他只能把土地賣掉了。

外甥在獲得所有地時，一早就有眾多的土地掮客蜂擁而至。其中一個掮客買通了僕人，乘機接近外甥。

外甥穿起了祈禱用的外套，搖晃著身體，一心一意地做著早課。

土地掮客耐心的等待著繼承人做完早課，但是他很擔心別的掮客會闖進來，因此對外甥說：

「真對不起您，我也知道不應該打擾您的祈禱。不過，關於您舅舅的那塊土地……您是非賣出不可了……」

外甥不停的搖頭，再用雙手做出趕人的動作。

「您也不必氣惱。」土地掮客不放棄希望：「這也是無可奈何的事，您是無法繼承那片土地的……」

外甥滿臉憤怒的表情，使用更大的聲音祈禱。

「我知道那些話不中聽。」土地掮客退後一步說：「但是，這乃是無可奈何的事情呀！」

外甥更為惱怒，以更大的聲音祈禱。

「沒用的！」土地掮客不放鬆的說：「猶太人不可能……」

就在此時，繼承人祈禱完畢了。他摺好祈禱用的外套，再解掉祈禱用的帶子，脹紅著面孔說：

「你是什麼意思？滿口猶太人長，猶太人短的。再過十分鐘我就要受洗啦！一小時前，希臘正教的牧師就在等我受洗呢！」

血統

銀行家金布魯卡的兒子取得了博士的學位後，立刻改信基督教。這件事深深的傷了金老頭的心。雖然兩個伶俐的孫子時常來看他，但是仍不能叫金老頭開心。

有一天，他瞧到兩個小孫兒剪著紙張玩，很納悶的問孫兒說：「小寶貝啊！你倆在幹什麼呀？」

「咱倆在玩銀行家遊戲呀！」孩子們回答。

金老頭聽後心裡感到很暢快：「他倆的身上仍然流著我的血液呀！」

咱們猶太人

范茵修坦以及他的家人都接受了洗禮。雖然如此，修魯姆．哥多維仍然希望范茵修坦的兒子娶他的女兒。

偏偏范茵修坦老爺不中意，他對修魯姆說：

「我說修魯姆啊！咱倆不能結為親家呀！第一，你是猶太教徒，我是基督徒。第二，你簡直跟個叫化子差不多，沒有錢。對咱們猶太人來說，金錢可是比什麼都來得重要哩！」

第十一篇
猶太人的阿Q哲學

■ 猶太法律有個原則，就是不可制訂大多數人無法遵守的法律。

審問

審判官：「羅森堡，你多大歲數啦？」

「誰呀？您在叫我嗎？」羅森堡回答。

「除了你，難道還有別人嗎？」

「我今年五十歲。」

「你在何地出生呢？」

「您問誰呀？是我嗎？」

「當然是你！」

「我在榭丘夫出生。」

「你在哪兒偷了這一件外衣呢？」

「您在問誰呀？是我嗎？」

審判官氣得臉紅脖子粗的說：「除了你以外，還有別人嗎？難道你認為我是在問自己嗎？」

「那也說不定哦……」羅森堡說。

現在就一百歲

對宗教信仰很虔誠的猶太人，每當提起自己的年齡或自己親愛者的年齡時，總是會添加一句：「到一百歲為止（希望活到一百歲的意思）。」

審判官問：「證人的年齡幾歲？」

「四十——一直到一百歲為止。」

「那麼，你的意思是說六十歲囉？」

「不是啦——四十——到一百歲為止。」

審判官很生氣的說：「證人，因為你的回答無禮至極，本官要罰你二十馬克！」

「好吧！希望你活到一百歲——不過，我希望你現在就已經一百歲了！」

證物

美雪利克一度流行藍色方格的手帕。魯賓修坦控告家裡的傭人偷了他的手帕。他從傭人身上取出的手帕正放置在審判官的桌子上面。

審判官看看那條手帕說：「你為什麼確定這一條手帕是你的呢？」說罷，審判官取出了自己的手帕：「我也有一條同樣的手帕呀！」

魯賓修坦很衝動的說：

「你擁有相同的手帕也沒有啥稀奇啦！因為我的手帕，一共被偷了兩條哩！」

取消前言

審判官說：「被告克留茵，你說過——布勞恩不值得被惡魔抓走。為了這句話，你必須向布勞恩道歉。」

克留茵回答：「好吧！我收回那句話，我承認布勞恩值得被

惡魔抓走！」

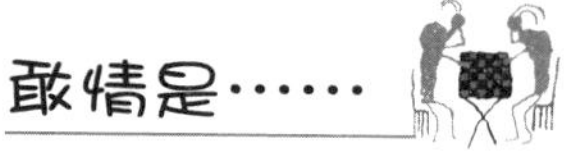

敢情是……

審判官：「被告麥耶洛斯基，你是單身漢嗎？」

麥耶洛斯基：「您要幹嘛？敢情是要把女兒嫁給我？」

可憐的摩西

兩個猶太人為了一件事爭執得很厲害，以致對簿公堂。審判官一心一意想調停。但是不管他如何的調停，兩個猶太人硬是不聽，吵得天翻地覆，審判官的聲音喊得都沙啞了。

「好可憐的摩西……」審判官自言自語了起來：「您為什麼有那種能耐呢？我只對付兩個猶太人就感到筋疲力盡了，根本就無法使他們安靜下來。真不敢想像當時你是如何對付六萬個猶太人的。」

第三者

在法院的出口處。

「薩門，你為何宣誓不曾向我借過一文錢呢？你自己也非常清楚，你向我借了五百馬克呀！」

「是啊！我當然曉得，你也曉得。但是跟我倆毫無關係的第

三者，根本就沒有知道的必要啊！」

別開玩笑啦！

在宣教師的審判庭上，被控詐欺的菲西可夫叫嚷說：

「如果我撒謊，我即刻就死在這裡。」

宣教師嚇了一大跳說：

「別開玩笑啦！你一死，我如何處置屍體呢？」

證人

審判官：「泰丁堡，有兩個證人看到你從原告的口袋摸出了錢包。」

泰丁堡：「庭上，我可以帶來一百個以上不曾看到那種情形的證人。」

別人家的孩子

修美爾：「貝魯魯呀！我把老婆介紹給你如何？」

「天哪！你是不是瞎了眼啦！嫂夫人已經懷孕啦！你怎麼說出這種話呢？」

「我當然知道她懷孕啊！不過，那可不是我的孩子啊！」

理論的說法

伊傑麥爾站在鎮上郊外的小丘上，自言自語：

「這也難怪外地人叫我們呆瓜。連孩童也知道，拉載貨的車下山，拖空車上山才是一件不吃力的事。可是，我們卻每天拖著載滿水的車子上山來，再把空的車子拉到山下。」

那是別的問題

一個赫爾姆貧窮的傭人，來到宣教師那兒嘆息說：

「唉……我連買硬麵包的錢都沒有呢！節日又迫在眉睫了，我該怎麼辦呢？」

宣教師想了一陣子，然後說：

「你不如把銀燭台賣了吧！就用那些錢去買硬麵包。」

傭人說：「宣教師啊！我到哪兒弄個銀燭台呢？」

宣教師聲色俱厲的說：

「你別把問題混淆在一起啦！那是另外一個問題，我是無能為力的！」

實在高明

赫爾姆的費依修來到了巴黎。他聽了法國人的交談好一陣子

了，然後才若有所悟的說：

「人家罵咱們為赫爾姆的呆瓜，這未必是很正確的。例如以咱們不生於巴黎來說，就是一件很高明的事情。否則，勢必會引起一連串的笑話，因為咱們不會說法語呀！」

蘇俄的冬天

當蘇俄與德國瓜分波蘭領土的時期，國境線剛好通過某個猶太人的屋子。

於是，負責測量的一名官員問猶太人：

「你要進入德國那一邊呢？還是要進入蘇俄的那一邊呢？」

猶太人在聽取說明以後，毫不猶豫的決定進入德國那一邊。

「你為什麼要如此決定呢？」官員很感興趣的問。

「因為，我最討厭蘇俄的冬天啦！」

閒暇

楊克爾追上了正在跑步的修洛美。

楊克爾：「我說修洛美啊！你有沒有空？」

修洛美停止跑步說：「有啊！你到底要幹什麼呀？」

楊克爾：「既然你有時間的話，那為何不用走路，還要用跑步的呢？」

死要面子

卡爾曼在湖畔散步時，突然看到友人金茲貝嘉掉在在冰洞裡掙扎。

「金茲貝嘉！是否冰塊裂開了讓你掉下去了呢？」

「哪兒話，是我在游泳時，河水突然結了冰哩！」

更夫

康多威投宿的村落仍然還有更夫存在。到了夜晚十點鐘以後，每隔一個小時，窗外就會傳來更夫荒腔走板不搭調的歌聲。就在這時，康多威一定會被吵醒。

「村裡的大鐘已經指著十點（其後的十一點、十二點……都這樣）啦！請小心火燭，不要打擾鄰居……」

翌日早晨，康多威對小旅舍的老闆抱怨說：

「你能不能告訴我，那個更夫幹嘛三更半夜唱歌，擾人清夢？我實在搞不懂，只要是清醒的人，誰都能夠聽到大鐘報時的聲音呀！至於睡著了的人，根本就沒有知道時間的必要嘛！提起鄰居嘛……那更沒有操心的必要啦！因為每一個人的頭腦都裝滿了自己的事情，誰有時間去打擾別人呢？」

是誰的朋友？

「貝利斯先生，如果你在沙漠碰到獅子時，你會怎麼辦？」

「那還不簡單，我就拔槍射殺牠。」

「如果你沒有槍呢？」

「我就拔短刀殺牠。」

「如果你連短刀也沒有呢？」

「這個嘛，對啦！我就脫下毛外套把它塞進獅子的嘴裡面。」

「你稍等——你是在很燠熱的沙漠裡面呢！哪有皮外套呢？」

貝利斯聽了十分十分憤怒地說：「你到底是我的朋友呢？還是獅子的朋友？」

加州陽光

修姆從紐約移居到加州。不久後，當他再回到紐約看老朋友的時候，楊凱一副很羨慕的樣子說：

「你所居住的地方一年三百六十五天，每天都有太陽照耀對不對？」

「是啊！」修姆得意的說：「這還是最保守的估計呢！」

火車票

在購票的窗口前。

「請給我一張三等車廂的票。」

「你要到哪兒呀？」

「你問那麼多幹嘛？我想到哪兒那是我的自由呀！」

吵架

漢斯跟他最要好的朋友吵架——

「你給我記住！」漢斯怒氣沖沖的說：「以後不准你參加我的葬禮！」

阿Q精神

摩伊修搭乘火車，他的對面也坐著一個猶太人。

那個男子一下子笑，一下子又搖搖手，皺起了眉頭。

「您到底在做什麼呀？」摩伊修感到納悶的問。

「我嗎？我在對自己說笑話呀！」對方說：「如果說了我已經聽過的笑話，我就會搖搖手說：『換另外一個！』」

第十二篇
猶太人的婚姻觀

■ 男人之所以被女人吸引，是因神從男人身上摘取肋骨做成女人，以致男人想要找回自己的失物之故。

兩個妻子

念幼稚園的休洛美小朋友問老師：「老師，神為什麼會取走亞當的一切東西，而只留下他的妻子呢？」

「神那樣做當然有祂的理由啊！因為到了最後，神都會把取走的東西雙倍的還給人。不過，給予兩個妻子的話，並不是福，而是一種懲罰。」

精打細算

居住於史洛夫的老顧以及洛哈丁的老卜到婚姻介紹所跑了幾趟，終於給自己的孩子找到了合適的對象。顧家及卜家都是很體面的人家，老顧表示願意拿出五千元來作為結婚費用，老卜則願意提供他公司的經營權。有一天，兩者決定見面再談談婚事。

顧卜兩者約在一家咖啡店見面。兩者都不約而同地帶著一個高雅的青年。兩家人交談得很投機，親密度也跟著增進，隔了一陣子以後，老卜問：

「令嬡在哪兒啊？」

「我也不知道她在哪兒啊！您家的千金為何要叫我們等那麼久呢？」老顧說。

到頭來，兩老才知道婚姻介紹所弄錯啦！一切的交通費、通信費以及雜費都算白白的浪費啦！

隔了一會兒，老卜眉飛色舞的說：

「雖然咱倆家的婚事告吹了，可是咱倆仍然可以合作呀！您仍然給我五千元吧！我把您公子帶到我的公司，把他當股東看待……」

年齡與金錢

費亨堡帶著兒子到富翁耶勃滋家裡相親。在路上，他對兒子叮嚀著：

「等一下相親時，絕對不要問對方的年齡。只要問陪嫁的錢有多少就行啦！因為年齡會一年比一年的增加，而金錢卻會一年比一年減少。」

別瞎操心

女兒：「爸爸，那個魯賓是為了錢才想跟我結婚呢！」

父親：「妳別擔心，我是絕對不會拿出錢來的！」

真正的東西

老楊克正在物色一個妻子，婚姻介紹所的人員帶他去看一個隣村的女人。

在歸途上老楊克說：「我不喜歡那個女人。她的胸部是假的，頭上戴著假髮，牙齒也是假的，而且又駝背。」

「是嗎？」婚姻介紹所的人員回答說：「至少她的駝背是真的呀！」

瘸子

婚姻介紹所的負責人說服了東挑西揀的男子，終於讓他答應跟一個女人約會。

經過兩三天以後，該男子來到了婚姻介紹所，很疑惑的對負責人說：

「我曾經跟那個女人外出。看起來她似乎瘸著腿，她是不是老是那樣呢？」

「沒有那回事！」負責人很快地回答說：「她只有走路時才會那樣。」

如果破產的話

婚姻介紹人：「費先生，你就娶那位小姐吧！她擁有兩萬元的嫁妝呢！如果她的父親不在這段期間破產的話。」

「如果破產了呢？」

「到時你可以取得更多啊！」

言之過早

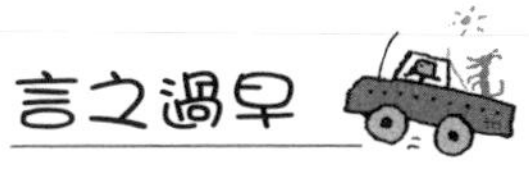

婚姻介紹人：「我希望你跟那女人結婚。她雖然沒什麼錢，可是長得最漂亮。」

於是，兩個人就去拜訪該女人。

走出來時，年輕男子對婚姻介紹所的人說：

「你說那個女人長得很漂亮，是嗎？事實上，她是我看過的女人當中最不漂亮的一個。」

「你不要言之過早！」介紹人回答說：「因為你還沒看過我老婆，所以才會說那種話。」

一生

七十歲的富翁羅森布拉多想再結婚一次，而且他還放出風聲說，他要娶二十歲的絕世美女——拉赫兒。於是，他就聘請婚姻介紹人到拉赫兒那邊遊說。婚姻介紹人雖然賺了富翁的錢，但是心裡頗不是滋味。

「連我也認為，」婚姻介紹人說：「妳不可能陪那個老人度過一生。」

拉赫兒想了一下才說：

「用我的一生去陪他，我絕對不幹！可是，如果是陪他度完他的一生的話，那我就沒有異議啦！」

一公斤一千盧布

「什麼？你叫我跟那個胖女人結婚嗎？我想她至少有八十公斤重吧？」

「不過，她有八萬盧布的嫁妝呢！」

「嗯……一公斤一千盧布……還挺不錯的嘛！」

老小姐

東歐的猶太人上流社會，逢到嫁女兒時不能沒有嫁妝。

鮑爾夫跟懷依姆參加了彌月喜慶，場面非常熱鬧。

在歸途，懷依姆問鮑爾夫：「對猶太的家長來說，老婆生兒子的喜悅遠超過生女兒的歡欣。你知道這是為什麼嗎？」

鮑爾夫回答：「男孩子到了五歲大就會離家出走，而女孩兒呢？搞不好到了三十歲還會留在家裡呢！」

深謀遠慮

「修美爾啊！你為何把令千金嫁給出納員呢？那廝根本就沒有財產，出身寒微，又不是什麼美男子……」

「這你就不懂啦！我認為那廝既然負責管金庫，摸出來的錢多少會進入我女兒的手裡。」

伯父的遺產

「羅森堡，我知道你之所以跟美蘭達結婚，乃是因為她繼承了伯父的五萬元遺產之故。」

「你在胡謅些什麼呀！」羅森堡憤然的說：「我可以對天發誓，就算美蘭達從別人那兒繼承了五萬元的遺產，我還是會跟她結婚的！」

巨大的損失

「正因為那個婆娘，才使我損失了十萬盧布。」

「你哪來那麼多的錢呢？」

「我當然沒有那麼多錢呀！不過，據婚姻介紹人透露，那婆娘擁有十萬盧布。於是我就向她求婚，誰知被她拒絕啦！後來她跟別的男人結婚，這不等於損失了十萬盧布，又是什麼呢？」

兩人同心其利斷金

將成為岳丈的克林貝費跟準女婿卡魯曼發生了爭執。

準岳丈說，他只能出三千盧布的嫁妝，準女婿卻要求給五千盧布。

一直躲在門後偷聽的女兒突然從鄰室跳進來，以嚴厲的語氣

對未婚夫說：

「我警告你，甭想以少於五千盧布得到人家！」

結婚的必要

「喂！吉魯巴茲，據說你中了五萬元的頭彩，是真的嗎？」

「是真的，我中了頭獎。」

「真是好運的傢伙！你可以不必結婚啦！」

門當戶對

老井獲得了一大筆財富，於是他每天都告誡兒子說，將來非得娶個有錢的女人不可。

「爸爸……那是為什麼呢？」兒子感到納悶的說：「媽媽根本就沒有錢，但是您還不是娶了她？」

「那跟你的情形不同。」父親說：「因為那時我也沒錢呀！」

撿到的東西

年輕的男子對銀行家說：

「畢先生，我撿到了您的錢包。照理來說，您應該付給我十分之一的報酬。如此算來，我可以獲得拾萬元。」

畢先生說：「只要你肯娶我的女兒，我可以給你二十倍！」

左右為難

「蘇魯凱，你為何苦著一張臉呢？」

「我就要結婚啦！對象是個漂亮的富家小姐。」

「那麼，你悲從何來？」

「一旦跟她結婚就必須戒掉菸酒。」

「那太叫人受不了啦！為何你要跟她結婚呢？」

「如果不跟她結婚的話，我得停止更為重要的事情——那就是沒飯吃了。」

買賣高手

「伊茲庫先生，咱倆到富裕的顧家，瞧瞧他那年輕的女兒吧！不過我要先提醒你，就算你如何的中意那個妞兒，也不宜明白的說出來。如果想做一宗好買賣的話，不宜稱讚你要買的東西，最好儘量的貶低她！」

後悔

「你的老婆很標緻嘛！」

「是啊！本來我還有很多可以到手的美嬌娘，誰知我一開始就撲向她啦！」

幸福者

「族長耶可夫是世界上最幸福的人。」

「為什麼呢？」

「因為他為了兩個老婆做了十四年的牛馬，而我卻是一生只能為一個女人做牛做馬。」

主人是誰呀？

宣教師到富翁的家裡為興建學院募款，他在客廳碰到了一位高齡的老爺爺。

這時，隔壁房間卻傳來了很大的聲響。

「這位爺爺真對不起……」宣教師慎重的問：「到底哪位是這家的主人呀？」

「請您先坐下來，稍等一下。」老爺爺說：「我的兒子跟媳婦現在就在隔壁的房間解決這件事情呢！」

不能有「快樂」

老艾到宣教師那兒詢問：

「我說宣教師啊！斷食那天不能飲食，不能抽菸，不能工作，也不能聽音樂……至少可以跟女人睡覺吧？」

宣教師回答：「可以的，不過只限於跟自己的老婆。」

老艾很失望的問：「為什麼只能跟自己的老婆呢？」

宣教師小聲地說：「因為不能有『快樂』呀！」

還沒還錢

「多威福，我很同情你死了老婆。如果你有意再婚的話，最好去找婚姻介紹人費修坦。因為他時常在最好的家庭出入。」

「我是有心再讓他賺一筆，然而我是心有餘而力不足呢！因為我一直還未付他介紹老婆給我的費用呢！」

親切

伊立克很親切的說：「李綺小姐，妳坐在那個角落好受嗎？」

「非常非常的好受呢……」

「那兒會不會吹到風啊？妳後面的門關緊了嗎？」

「一切都很妥當呢！」

「好吧！李綺小姐，咱們換個位置吧！」

勇氣

「喂！你聽到了嗎？那個休斯頓榮獲了一塊救人的金牌呢！他老闆娘跌入河中時，他把她救起來啦！」

「想不到那傢伙有那麼大的勇氣。」

「他有勇氣？天才曉得呢！落水時，他的老闆娘戴著一隻金錶，一個紅寶石戒指，以及好多發亮的金飾呢！」

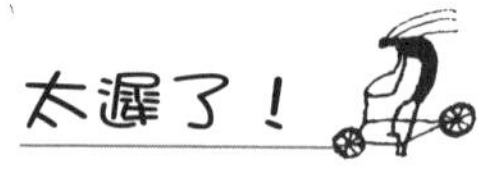

「結婚三十年了，你還好意思休妻嗎？你不感到羞恥啊！」

「宣教師您說得沒錯，我應該在二十九年前就來找您啦！」

鄰人的不幸

「我說宣教師啊！當鄰人發生不幸時，我們是否不應該賺他的錢？」

「這還用問嗎？」

「那麼……請您把上次在我家主持喪禮時所得到的一百馬克還給我吧！」

置裝費

「人家要訂做一套新衣。」

「這個月妳已經訂做了兩套啦！妳想叫我破產嗎？」

「你也未免太狠心了吧！你這個吝嗇鬼想悶死我嗎？一旦我死了，喪葬費可要比一套衣服的價錢高多了囉！」

「妳也未免太不會算計了吧！喪葬費只要一次就夠啦！至於妳的置裝費呢？一、兩個星期就得付出一筆。」

摩易休重病在床，莎拉哭得死去活來。

「莎拉……」摩易休使出了最後的力氣，小聲的說：「妳能發誓等我死了以後，再也不看其他男人……」

「摩易休，我答應你。」莎拉激動地哭泣著承諾：「如果你好起來的話，那……人家就可以看其他的男人囉？」

「魯賓，你從來就不曾愛過我。我可以發誓，只要我死了兩個月以後，你就會再娶其他的女人。」

「這個嘛！我想——我不必等到兩個月吧……」

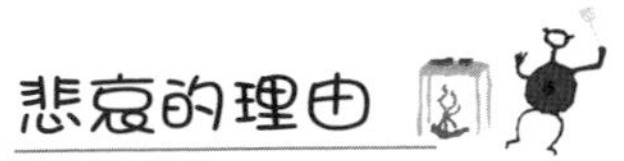

兩個好朋友不期而遇。

威夫修坦問：

「我說楊凱啊！你為什麼擺出一張苦瓜臉呢？」

「因為我沒法子給老婆打造一塊墓碑呀！」楊凱悲戚的說。

「喂！你敢情發瘋啦？你那口子不是好端端的嗎？」

「正因為如此，我才感到悲哀哩……」

你要慎重呀！

村子裡酒店老闆阿布拉斯基的老婆有一天身子突然僵直，任憑阿布拉基如何的去搖她，拍打她，她仍然昏睡不醒，乍看之下好像是斷了氣似的。阿布拉斯只好叫來馬車夫，用馬車把他老婆載到附近的猶太教區。

想不到馬車中途經過崎嶇不平的道路時，由於搖晃得很厲害，老闆娘突然醒了過來。

經過一年以後，酒店老闆娘的身體又再度僵直。經過了好多天仍然不能動，因此阿布拉斯基又叫馬車夫來載她，再度把她載到猶太教區。

當馬車來到了中途崎嶇不平的道路時，阿布拉斯基一再的提醒馬車夫：

「你要慎重呀！必須慎重，別使馬車搖晃起來！」

沒有說謊

「聽說那個著名的登徒子——布勞恩，在最近三年內不曾對她的老婆不忠。」

「在最近三年內嗎？的確，他完全沒有說謊。因為在這段期間內他正在吃牢飯，罪名是偽造有價證券。」

私奔

「昨兒個我回家時，在門外聽到我公司的出納人員正對著我老婆說——我很想帶妳私奔，遺憾的是我並沒有錢。」

「那麼，你就立刻把他轟出去囉？」

「你在說什麼呀！我那時金庫的鑰匙還放在桌子上面呀！」

喜歡的類型！

有一段時間不曾露面的布勞恩老人又悄悄的走進私娼館。

「咦？布勞恩老爺您又光臨啦！」老鴇羅莎歡喜的叫出聲來：「不過，我已經忘記您喜歡哪一種類型的女孩啦！你到底是喜歡棕髮的女孩？紅髮的女孩？或者是黑髮的女孩呢？」

布勞恩爺爺以憂鬱的口吻說：「妳就叫一個比較有耐心的人來吧！」

那樣還好

猶太教宣教師會見信徒時。

「宣教師，我公司的出納人員捲款潛逃到美國去啦！」

「反正你還可以收到不少貨款不是嗎？那樣還好。你就看開一點吧！」

第二個男人進來說：

「宣教師，我的房子燒掉啦！」

「你不是保了險嗎？那樣還好。你就看開一點吧！」

第三個男人進來說：

「宣教師，昨兒個我出外旅行提早回家時，發現我老婆跟我朋友在搞那檔子事。於是，我把他揍個半死。」

「那是一件非常不愉快的事情！」宣教師說：「不過，那樣還好。」

老婆被睡過的男人回去以後，一直在旁邊聽著的宣教師的朋友說：

「我懂得你安慰前面兩個男人的意思。不過對第三個男人來說，難道沒有更為合適的方法嗎？」

「不能把話講得太絕呀！」宣教師說明：「因為如果那個男人早一天回來的話，被揍個半死的就會是我呀！」

神的旨意

在維也納，克琳夫人跟布勞偶然在凱倫多納街碰面。他倆不約而同都要到南站，因此就一塊趕路。想不到他倆也同樣要到仙梅林。正因為這樣，也搭同一班火車。到了目的地以後，因為飯店宣布客滿，只剩下一間有兩張床的客房。在萬不得已之下，只好在兩張床之間放置一個屏風。

布勞很快就睡熟了，並且響起了鼾聲。

克琳夫人卻睡不著，她囁嚅著：

「布勞先生，風刮進來啦！請把窗戶關起來吧！」

布勞嘀咕著，起來關好窗戶，再回到床上睡覺。

不久以後，克琳夫人又說：「布勞先生，很熱呀！請你把窗戶打開吧！」

布勞生氣啦！低吼了一聲，但是他仍然爬起來打開了窗戶。接著很快的躺下去，又響起了鼾聲。

克琳夫人焦躁不安的說：「布勞先生，我覺得口渴，你拿一杯水給我好嗎？」

布勞爬了起來，以嚴厲的口吻說：

「克琳夫人，咱倆在凱倫多納街邂逅，搭同一班火車到仙梅林，飯店客滿，住進同一間的客房，這一切可能都是神的意思。如果妳認為我必須像妳老公那般受盡指使，也是神的意思的話，那麼妳就大錯特錯了！」

戰爭

「爸爸，戰爭到底是如何發生的呀？」

「這個嘛……你就想像英國跟法國打架吧！」

母親插了嘴說：

「為何英國人非跟法國人打架不可呢？這兩國不是很要好的嗎？」

「我只是說假設罷了。」

「為什麼要下那麼笨的假設呢？」

父親開始罵人：「妳這隻笨母牛！」

母親也不甘示弱：「如果我是母牛，那你就是公牛囉？因為是你向我求婚哩？」

孩子：「爸爸，您不必再回答啦！我已經知道戰爭是如何引起的啦！」

鵝是無辜的

「阿諾，明天我要殺頭鵝。」

「莎拉，為何明天要殺鵝呢？」

「因為明天是咱倆的結婚紀念日呀！」

「那才怪呢！為何要殺掉無辜的鵝呢？該死的是那個婚姻介紹的人呀！」

第十三篇
猶太人的教育觀

■ 凡人雖有所短，但亦有所長。同理，世上雖無完美聖賢，卻也不存在百分之百一無是處的愚蠢之人。

回到耶路撒冷

上宗教課時——

老師：「摩利斯，你說說看，從放逐幾世紀到以色列建國為止，猶太人現在又如何了呢？」

摩利斯：「老師，謝謝您，我很好呀！」

商人的兒子

老師說：「你們好好聽著。地獄很燠熱，一年到頭都在燃燒著，實在是很可怕的地方。摩利斯，你到底要問什麼呢？」

「老師，我想知道的是，地獄從哪兒買來煤炭？」

「摩利斯，你為何要問這個問題呢？」

「因為，我老爸開煤炭行啊！既然需要量那麼多，我爸爸一定會打折的！」

鸛鳥

父親說：「摩利斯，你已經開始上學啦！不可能再相信大人們捏造的話啦！所以嘛……爸爸要老實的告訴你，所謂的耶誕老人是爸爸化裝的，關於復活節的兔子嘛……」

摩利斯：「我老早就知道了！鸛鳥也是爸爸，是嗎？」

（編按・西方人對小孩問起『我從哪裡來』的性問題時，常以『是鸛鳥送來的』對之。）

嫁妝

老師：「誰能夠告訴我，歌德為何到了五十七歲才跟克莉絲汀娜結婚？」

摩利斯：「因為歌德在五十七歲以前有很多錢，所以不必依靠老婆的嫁妝。」

原來如此

老師問：「摩利斯，如果老師先給你兩隻兔子，再給你三隻兔子，那麼你一共有多少兔子呢？」

「我就會擁有七隻兔寶寶。」

「笨蛋！只有五隻而已！你用指頭數數看！」

摩利斯笑嘻嘻的回答說：「老師別嚇著喔，的確有七隻。因為我家裡已經有兩隻啦！」

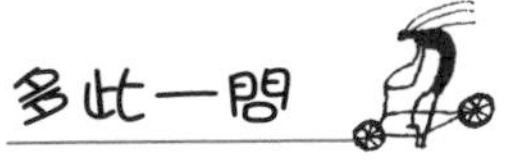

老師：「好吧！我們來練習加法……摩利斯，你的爸爸在販賣馬匹。你家的馬廄有幾匹馬兒呢？」

摩利斯很得意的說：「老師，您問那個幹啥？您連一匹也買不起呀！」

律師

老師：「你們曉得什麼叫律師嗎？」

摩利斯：「律師嘛……就是幫助壞人做壞事的人……」

進退兩難

老師：「摩利斯，五的一半是多少呀？」

摩利斯一副很為難的德行，他想著——這下子完啦！說二太少了，說三又太多。無論回答哪一個都會挨打……

乘法

摩利斯被罰站在教室外面。校長偶然經過那兒，對他說：

「你為什麼被罰站呀？」

摩利斯：「老師責罵了我，叫我站在這裡。校長先生，老師問我四乘四等於多少，我雖然回答了他，但是老師不同意。」

校長先生很溫和的說：

「原來如此。那麼你進去對老師說，四乘四等於十六。」

摩利斯揮揮手回答說：「不行啦！我剛才就一直從一回答到

二十，但是老師全都不滿意。」

事有蹊蹺

摩利斯對同學楊克說：「我發覺一件很有趣的事情，二加二是等於四呢！」

楊克回答：「我也知道一件事情，二乘二也是四啊！」

摩利斯稍微想一想——

「就是嘛！我認為這件事一定有些蹊蹺。」

自我欣賞

「摩利斯，你寫的字簡直是鬼畫符嘛！你怎麼好意思把它交出來呢？」

「老師，我一點也不在乎呀！依我看，那些字都很有性格嘛！只是老師你看不來罷了！」

銀行家

「摩利斯，我的好兒子，你要記住一件事情，那就是金錢能夠支配世界。沒有金錢的話，什麼事情也辦不來。」

「爸爸，有一件事沒有金錢也能夠做到。」

「那是什麼事情呢？」

「是借錢呀！」

出診

吝嗇鬼的老婆生病了，前後接受了醫生的治療好幾個月。待她恢復健康時，醫生寄來了一張收費單。上面如此寫著——

「出診費（一次十馬克）十二次總共一百二十馬克。藥費十馬克。」

翌日，醫生收到了一個信封，裡面附有十馬克，並且有一張紙條，上面寫著：

「附上十馬克的藥費。至於您拜訪寒舍的次數，我將在往後的數個月內如數拜訪完畢。」

一齊檢查

西門雷夫拿了一個裝滿尿水的酒瓶到醫生的診所。

醫生裝出厭惡的表情說：「為何不裝在鐵製的容器裡呢？」

幾天之後，醫生告訴了西門雷夫驗尿的結果。西門雷夫到附近的郵局打電報回家說：

「莎拉，我倆都健康，孩子們也健康，小狗兒也健康。」

溫泉治療法

外表有如乞丐般的修洛美弄壞了胃，前往診所求醫。醫生看到病患的外表很寒酸，產生了同情心，不但不拿他一文錢，反而還給了他二十馬克，叫他去實施溫泉療法。

四個星期後，醫生很偶然的碰到那個病患。

「我說修洛美啊，溫泉治療有效果嗎？」

「什麼叫溫泉療法呀？」修洛美慌張的問。

「我不是給你二十馬克，叫你實施溫泉療法嗎？」

「哦！對啦……我想起來啦……可是那些錢已經用光啦！」

「你把那些錢用到什麼地方啦？」

「當你把二十馬克給我時，我就如此想著——有了這些錢，我就可以給高明的醫生看病了。」

一年洗一次

關於猶太人不喜歡洗澡的事情，乃是對猶太人抱持反感的人捏造出來的。因為猶太律法也有關於洗澡的規定。話雖如此，有關猶太人不喜歡洗澡的笑話仍然很多。

勞凱爾很擔心自己的健康，專程去看醫生。醫生在診察完以後，奉勸他多洗溫泉浴。他對勞凱爾說：

「你可以一次買十二次的洗澡券，這樣比較省錢。」

勞凱爾說：

「大夫——您真的認為我需要再治療十二年嗎？」

果然不假

艾凱夫聽說好友王克魯變得「不像一個人」，他實在不敢相信，決定親自去探查一下。有一天，他專程到王克魯家。

他按電鈴時，女傭人來開門說：

「王先生現在不能會客，他正在洗澡呢！」

艾凱夫很悲哀的想著：他竟然會洗澡……如此說來……他可真的發瘋囉？

痰盂

老金從鄉下到維也納打拼，終於打下了一片屬於他的天下。往昔他學習律法時的老師聽說自己教出來的學生在奧京闖出了名堂，於是專程來訪。

很糟糕的是，這位鄉下老夫子喜歡隨地吐痰。在主人頻頻使眼色之下，女傭人拿來了一個痰盂。女傭人為了使老夫子能夠把痰吐入痰盂，不時的改變它的位置，可是完全沒有用。

到頭來，倒是老夫子生氣啦！他罵著：

「去他奶奶的……如果不把這個勞什子玩意兒拿開，我就真的把痰吐進去囉！」

夜雨

在立陶宛（波羅的海三小國之一）的史馬爾哥尼，甭說是計程車了，就連馬車也沒有。

在將近深夜時，來布修到火車站迎接來自首都的親戚。他叫親戚走在道路中央，他自己則一路吆喝著：「有人路過！有人路過！」

親戚說：「噓！深夜啦！你那麼大聲吆喝會吵醒人呀！」

來布修：「不那樣怎麼成呢？你不知道我一旦停止吆喝，他們就會從窗戶把尿液潑下來呢！」

化裝舞會

「我說伊希多啊，我想在今夜的化裝舞會裡化裝成誰都不認識的樣子，你認為我應該如何化裝呢？」

「那還不簡單？只要你把脖子洗乾淨，就不可能會有人認識你了。」

舊衣

老梅訓兒子——

「你呀！根本就不會愛惜衣服。你那一件衣服，你的爺爺曾

穿了好多年——當你爺爺過世時，還跟新衣服一樣。接下來，你過世的伯父也穿了它十五年——當你伯父過世時，它仍然跟新衣服一樣……想不到，你只不過才穿了它半年而已，就叫它破成那種德行了！」

簽名

在華沙過著貧困生活的姬德兒接到了兒子從紐約寄來的一張支票。

於是，她就到銀行兌換現鈔。

「好的。」辦事員說：「請妳在支票背後簽名吧！」

「什麼叫簽名呀？」姬德兒感到莫名其妙。

「妳不是會在信函裡寫下自己的名字嗎？」辦事員很親切的說明：「就那樣地寫下妳的名字就行了。」

「噢……這個……我懂啦！」姬德兒說著，便寫下——

「親愛的兒子，媽媽永遠愛你！」

Get Down（滾下去！）

英蒂的兒子從華沙到紐約，在那兒結婚，錢也賺得不少，因此他把母親也接到美國一起住。

英蒂在房間坐著時，家裡飼養的貓跑到桌子上面。

「噓！」英蒂小聲的趕貓，但是牠一動也不動。

不久後，美國籍的媳婦進來，她瞧到貓躺在桌上時，怒喊了

一聲：「Get down！」

貓飛也似的逃跑了。

「唉！」英蒂長嘆了一口氣說：「如果我也跟美國貓一般通曉英語，那該有多好啊……」

詩歌的作者

潘修泰茵對猶太教一無所知，但是他卻擔任猶太教教育委員會的一員。因為具有這種身分，有一天他去參觀授課的情形。

老師：「那一篇詩歌是誰作的呢？」

摩利茲嚇了一跳說：「不是我作的！絕對不是我作的！」

看到這情形，潘修泰茵插嘴說：

「那個孩子所說的話可以信。我認識那孩子的雙親，他是來自好家庭的孩子。」

電報

蒙修凱利普進入了柏林的郵局。

「拜託您，我要打電報到普修米斯爾。」

「如何拼法呢？」

「如果我知道拼法的話，我才不會打電報哩！寫信不是省錢多了嗎？」

法語

阿爾薩斯在一八七〇年的普法戰爭以前是法國的領土，多數的居民以說法語為榮。莉貝卡夫人亦是其中一人，尤其是她的獨生女兒嫁到巴黎後，她更是儘量以法語交談。

有一天，她到巴黎探望女兒。想不到一回到家，就如此的向老公訴苦：

「我說比耶啊！那邊的人真是太豈有此理啦！他們都說我是德國人！」

「那是想當然耳的事情。妳不管到哪都講法語對不對？」

鴿子的飛法

摩利斯趕不上物理課的進度，而由同班的伊沙克特別教導他。伊沙克仔細的說明鳥類飛翔的原理。就在這個時候，一隻鴿子飛過窗戶前面。

伊沙克從背後瞧了瞧那隻鴿子的飛行，再以嚴肅地口氣說：「那隻鴿子的飛法錯啦！」

聖馬可的獅子

「阿貝利斯先生，好久不見啦！」

「我去蜜月旅行，地點是威尼斯。」

「噢……你去看過聖馬可廣場的兩隻獅子嗎？」

「看獅子？不只看而已，而且我還餵了牠們呢！」

趁早死心

老謝的兒子一定要進入美術學校攻讀。他父親是靠股票買賣致富的人，因此對兒子一心想成為畫家的念頭甚感不安。的確，他的顧慮不無道理，他的兒子雖然從美術學校畢業，但是到了三十八歲時，仍然是一個沒沒無聞的畫家。

在這段期間之內，老謝徹底的研究美術史。

有一天，他對兒子說：

「我說沙羅啊！你放棄繪畫吧！據我觀察，有名的畫家很少在年輕時就發跡啦！就以拉斐爾來說，他在三十七歲就死了！」

四分音符與八分音符

布勞修坦有了財富以後，人也就變得優雅多了。於是，他送最小的兒子去學小提琴。不久以後，他就去請教老師，問他的兒子是否有所進步。

「還不錯啦！」老師向布勞修坦報告：「只是拍子的掌握還不太好，時常把八分音符當成四分音符演奏。」

「是嗎？」布勞修坦老人很滿意的說：「那也很不錯啊！能夠有八分忍耐的話，那就不要勉強他只以四分的忍耐吧……」

一九二五年

弗倫丁哈姆有了足夠的財富，因此走進一家骨董店，問老闆以什麼裝飾房間最為合適。

「敝店有一件價值連城的骨董，最值得大爺您購買。」老闆說：「這個漂亮的花瓶已經有三千年的歷史了。」

弗倫丁哈姆聽後吹鬍子瞪眼說：「你少蓋啦！這個花瓶怎麼可能有三千年歷史呢？因為現在才一九二五年啊！」

證明

級任老師請一名叫考恩的家長來學校對他說：

「令公子真的非常的用功。數學的定理幾乎都背得滾瓜爛熟，但是他卻一題也不會證明。」

「我說老師啊！」考恩說：「您為什麼要在雞蛋裡挑骨頭呢？您就別叫我兒子證明啦！我兒子從來就不說謊。雖然他不會證明，但是請您相信他所說的話吧！」

詭辯哲學

老查的兒子在傑諾威茲上大學。逢到休假時，他就回到在科洛美的父母那兒。

「我說兒子啊！你到底在唸些什麼呢？」父親問。

「我唸哲學呀！」兒子回答：「現在，我在修詭辯哲學。」

「那又是什麼玩意兒啊！」父親表示不解的樣子。

「這個嘛……」兒子說明：「例如證明您並不在科洛美，而是在別的地方。」

「那麼，你證明看看吧！」

「您就好好聽著再回答我吧！爸爸，您在科洛美呢？或者在別的地方？」

「當然是在別的地方。」

「那麼……」兒子很得意的回答說：「爸爸你既然在別的地方，當然就不在科洛美囉？」

父親一直在考慮。接著，他出其不意的給兒子一巴掌。

「哇！」兒子嚷了起來：「爸爸，您為什麼打我呀？」

「我打了你？」父親反問：「你在說什麼呀？我不在此地，怎會打你呢？」

證人

那是在十九世紀的七〇年代。

克羅多辛的商業顧問羅森堡到柏林領取一枚勳章。

當他回到克羅多辛後，仍然很興奮的說：

「你們一定想像不到我的勳章在柏林引起了多大的旋風吧！當我走過衛兵營前面時，步哨一看到我就叫：『列隊！』於是，兵士們從衛兵營衝了出來，舉起槍對我敬禮，一直到我走過去為止……」

羅森堡的外甥聽了舅舅的話，有些不相信的說：「舅舅，那是真的嗎？」

「什麼？你不相信？」舅舅憤然的說：「還好，我有一位證人，你就問烏蘭凱爾將軍吧！那時他也剛好走過衛兵營。」

真正的喜悅

阿貝利斯的兒子：「爸爸，您給我一馬克吧！我感到很無聊，想到外面玩耍。」

阿貝利斯：「為了玩耍就要用一馬克嗎？我告訴你一件比玩耍更能叫人感到快樂的事情吧！你進入沒有暖氣的房間，躺在床上，身上蓋著被子，再把兩腳伸到棉被外面。就如此這般，一直保持到不能忍受的程度，然後再把兩腳縮入棉被裡面──只要如此，你就能夠體會到真正的喜悅。」

改名

科洛美的羅森堡由於不識字，逢到必須在支票上面簽名時，總是劃十字。

有一天，他在支票上面畫一個圓圈，再也不劃十字啦！

「你到底怎麼啦？」克林費德不解的問。

「因為我改了名字呀！」羅森堡說明：「我改成羅森啦！」

第十四篇
猶太人的諷刺才華

■ 某位拉比為弟子們舉辦晚宴。席間出現牛舌和羊舌菜餚，有的舌頭堅硬難以下嚥，有的舌頭柔軟香滑可口。弟子們爭相取食柔軟的舌頭。拉比遂向弟子說道：「你們也要讓自己的口舌隨時保持溫柔。言辭強硬者，容易觸怒於人，或將招惹怨懟。」

追悼之辭

著名的猶太教宣教師——摩雪斯・伊雪爾斯（十六世紀的古拉卡人）年紀尚輕時就喪妻。於是他就在亡妻的墓前敘述了一段誰都會感動的追悼之辭。

這以後，他就要求岳父，讓他娶亡妻的么妹過門。

不過，她的岳父卻拒絕，他說：

「對於亡妻，能夠說出那麼無懈可擊的追悼辭的人，乃是對妻子沒有真正愛情的狡猾之輩！」

以小偷為榜樣

猶太教宣教師謝姆布南說：

「你們哪——最好以小偷為榜樣。小偷具備三種常人不能效法的特質：第一、小偷非常勤勉，不管在什麼樣的氣候，如何艱苦的情況下，都會認真的工作。第二、逢到失敗會從頭再來，絕不氣餒。第三、不管大小事都會盡全力。因此，為神服務時，虔誠的猶太人必須像小偷一般的行動。」

誰比較偉大？

居住於史洛尼朗的宣教師——伊傑，跟他那女婿約瑞爾（也

同樣是宣教師）交換職位。

有一天，女婿宣教師約瑞爾問伊傑：

「我倆到底誰才是這個教區真正之長呢？」

「關於這一件事嘛……很簡單就能夠知道。」岳丈回答：「你就到處去問人，背後被批評得比較多的人就是。」

恥辱

著名的宣教師——伊斯堡，一向在匈牙利傳道，由於薪水實在很微薄，他必須借錢過日子。正因如此，待維安卡小村落有了空缺時，他就應徵到那兒服務。

聽到了這個消息，伊斯堡的居民紛紛去挽留。

「您如果是到大都市赴任，咱們絕對沒有話說。但如果你為了到小村落維安卡而離開這座市鎮的話，那咱們將感受到很大的恥辱。」

「你們為何不替我想想呢？」宣教師說：「我在此地向人借錢是一種羞恥，可是一旦到了維安卡，縱使向人借錢也不致感到羞恥呀！」

於是他的薪水就被提高了。

小偷的嫌疑

匈牙利的諾易多拉市被稱為賊窩，其理由不詳。巴比洛尼亞的猶太教律寫著：「為了避開小偷的嫌疑，有教養的人到了夜晚

絕對不單獨一個人外出。」

在某一個宗教節日的第三天，諾易多拉教區的人們在夜裡集合在一起，依照古體朗誦詩篇。到了將近午夜，赫凱爾宣教師站了起來準備回家。如此一來，前來參加朗誦詩歌的人也都站了起來說：

「宣教師，您大概也知道教律裡有某條戒律吧？咱們可以送您回家。」

「不必啦！」宣教師以手勢阻止大家說：「如果會惹人嫌疑的話，即使在大白天，也不能一個人在諾易多拉市走路。」

生為人而非人

德國某一個教區的人們要求萊比錫上級宣教師，也是猶太教律學院的院長法蘭凱爾，說是教區缺乏一位宣教師，叫他推薦最優秀的學生，不過，這個學生必須懂得跟人相處才行。

法蘭凱爾選出了一個學生，並且對他說：

「你已經熟習了典禮說書的四部。不過，你依然得學習第五部，那就是跟人相處的方法。」

經過了幾年以後，宣教師碰到了這個學生。

「如何？」他問學生：「你已經熟悉了第五部典禮說書了嗎？」

「我現在已經學會了第六部。」學生回答：「那就是跟『生為人而非人』的人相處的方法。」

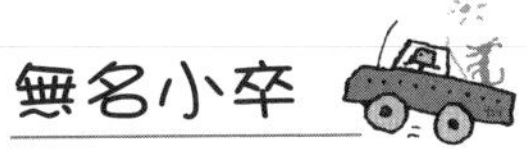

無名小卒

布拉哈的上級宣教師招待著名宣教師蘭道時，告訴他想當某一區的宣教師的話，必須大教區全民署名後，方可上任。結果呢？每一個都署名，唯獨有一個貧窮的運水工人拒絕署名。大夥兒感到無奈，叫蘭道不要在乎那一票，前來赴任。

蘭道在就任以後，立刻傳運水工人，問他：

「到底是我有什麼地方叫你看不順眼呀？」

「您沒有什麼地方叫我看不順眼啦！」

「既然如此，你為何拒絕署名呢？」

「宣教師先生，那是因為每一個人您都認識，而我卻是沒沒無聞。如果我不反對您的話，又有誰會認識我呢？」

年輕的祕密

赫爾修一有錢就去喝酒，以致一點積蓄也沒有，不過他看起來皮膚充滿了光澤，比實際年齡顯得年輕。

有一天，宣教師問他：

「赫爾修啊！你為什麼看起來那樣的年輕呀！」

「那還不簡單？」赫爾修回答：「因為我家裡的那婆娘早就離家出走了呀！」

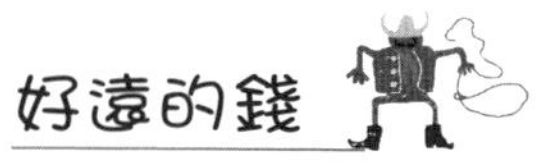

好遠的錢

有一天，赫爾修打算向吝嗇的富翁——薩爾門搾取一些金錢，但是卻無論如何都沒能得逞。

最後，他在回家以前對對方嘆口氣說：

「哎呀！我說薩爾門呀！你的手到口袋的距離，比從此地到基輔還遠呢！」

「你在發神經啦？我的手哪有那麼長？」

「哪兒話。我是在說實話呀！從此地到基輔只有一天的時間，而開口向你借錢時，你卻叫我三天後再來。」

猶太教的規矩

著名詼諧家摩多凱有一天被倔強的農夫打了一巴掌。因為摩多凱又瘦又小，不敢跟那個農夫纏鬥。不過他給那農夫一盧布，再對他說：

「你幫我遵守了猶太教的規矩，我非常的感謝。逢到節日，我們猶太人都會出錢，請他人給我們一巴掌。如果是那個富人尤得的話，他一定會給你一百盧布。」

農夫再也聽不下任何話啦！他飛快的趕到富人尤得之家，老老實實的賞了尤得幾巴掌。但是，尤得有好幾個大力士手下，把他狠狠揍了一頓再拋到外邊去。

「得到一百盧布了沒有！」摩多凱幸災樂禍的問。

農夫撫摸著他的背部說：

「很明顯的，這一家人並沒有遵守猶太教的規矩呀！」

老爸與兒子

詩人海涅的老爸——薩洛蒙．海涅最討厭文學，他批評自己的兒子：

「我的兒子如果學會了一門技藝的話，就不會去寫什麼『書』啦？」

兒子卻回答：

「我老爸最大的優點就是跟我『同姓』。」

頭腦

一位認識哲學家孟德爾頌的將軍在柏林街頭喊住了孟德爾頌，語帶嘲諷的說：

「閣下到底在『搞』什麼玩意兒啊！我真想買一些你『搞』的東西……」

「我所『搞』的東西嘛……」孟德爾頌回答：「閣下是用不著的。因為我在『搞』的東西就是腦筋呀！」

皇帝的招待

著名的維也納詼諧家沙菲爾有一次出席法蘭西．約瑟夫皇帝的茶會。可是，他一直閉口不說話。

法蘭西．約瑟夫：「咦？閣下的詼諧與機智到哪兒去了呢？」

沙菲爾：「陛下，換成是您跟一位皇帝喝茶，您還能詼諧得起來嗎？」

紀念冊

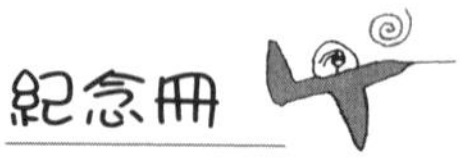

富有的羅吉斯男爵請沙菲爾在紀念冊上面寫些話。

一年到頭喜歡開玩笑的沙菲爾寫著——

借給我二十法郎金幣吧！然後嘛……請永久地忘懷這一件事。

你忠實的朋友／沙菲爾

死亡的報導

有一天，柏林的報紙報導了沙菲爾死亡的新聞。

於是認識沙菲爾的人紛紛打電報問他那件新聞是否是真的？

沙菲爾回電說——

「那件有關我死亡之報導，實在是太誇張啦！本人並不知情。」

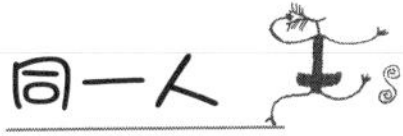

同一人

著名的普列斯勞外科醫生——約翰・拉德基教授，時常被聘請到外地為病人開刀。不過，他要求的報酬實在太高了些。有一次，有人問他到塔魯諾為病人開刀必須付多少錢？拉德基教授答說：「六千馬克。」

不久以後，對方又打來「請迅速動身」的電報。

拉德基和護士帶著開刀所必要的器具，浩浩蕩蕩的出發。

到了塔魯諾車站，有幾個猶太人在車站迎接。他們很遺憾的說，病人今天早晨死亡了，並且一再的道歉，讓他白跑了一趟。

拉德基憤怒地吹鬍子瞪眼。

猶太人說，這個鎮上有一個人罹患相同的疾病，不過那男人很窮，只能付六百馬克。

拉德基教授自忖，六百馬克剛好夠旅費的支出，便答應為另外一個病人開刀。

經過了一段時間以後，拉德基教授才獲知，最初的那個猶太人並沒有死，而根本就是後來接受開刀的那個人。

神主治內科

沙米布勞接受了動脈的開刀，已經逐漸在復元中。

「你感覺如何？」為他開刀的著名外科醫生哈馬修問。

「神救了我。」信仰虔誠的沙米布勞說。

「哪兒的話，是我救了你！」外科醫生回答說：「神在內科那邊！」

撒謊

當威哈姆成為某雜誌編輯時，社會大眾都說：

「威哈姆說話時，往往會用三十三種語言，但是逢到他撒謊時，卻會用三十四種語言。」

妨礙睡眠

柏林銀行家卡魯芳以喜歡惡作劇而聞名。

卡魯芳夫人時常邀請文學家喝茶。有一天，著名的作家在朗讀自己的作品時，一個很晚才進來的客人以很大的腳步聲走了進來。

這時，坐在大門旁的卡魯芳對那個客人囁嚅說——

「噓……小聲一些……大夥兒都睡著啦……」

拒絕往來戶

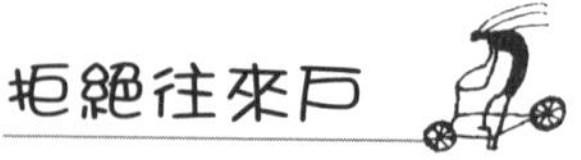

據說，猶太人喜歡攀交情拉關係。

卡魯芳在開辦銀行時，為所有的親戚以及有來往的人都拍了一張照片。然後把它們貼在照片簿上面，再叫來守衛。

「我說維多凱呀！」他對守衛說：「你要好好記下這些人的面孔哦！」

「老闆，那是為什麼呢？」

「因為，他們都會來向我借錢，所以嘛……非好好的認識他們不可。」

「……」

「換句話說，如果你讓他們其中的任何人進我辦公室的話，我就要扣你薪水！」

還禮

一位剛獲得貴族稱號的實業家邀請銀行家卡魯芳到他家晚餐，在一頓豐盛的晚餐後，他悄悄進入洗手間裡面，但他忘了把門上鎖。隔了不久，「叭」一聲，門被打開，女主人站在門口。卡魯芳嚇得差一點就昏倒，女主人尖叫了一聲迅速把門關上。

事後，卡魯芳把主人拉到一旁，很慚愧的提起這件事。

「你不必小題大做呀！那是小事一樁嘛！」主人安慰他。

「我是不會把那件事情放在心上的。」卡魯芳說：「只是我很在乎一件事情。如你所知，我是一個平民，完全不知曉貴族之間的禮節，如果您逢到這種情況的話，要不要站起來還禮呢？」

批評家

赫爾曼的小說以及戲曲很受當時社會大眾的喜愛，但是，批

評家之間的意見卻大不相同。

在一齣赫爾曼戲曲上演的夜晚，戲劇評論家尤利斯跟亞弗雷對於這一部作品展開舌戰。他倆的意見完全對立。

終於，亞弗雷感到招架不住，而要求「停火」。

「你暫且等一下，我去詢問赫爾曼自己的意見……然後嘛……再跟他唱反調。」

證人

匈牙利的猶太作家摩爾納以一齣《莉莉歐姆》聞名全世界。他有一個根深柢固的習慣，那就是——每天必須睡到中午過後才肯起床。

有一天，他在早上九點鐘被律師搖醒，跟著律師到法院去當一名證人。

一走到街頭，摩爾納看到了眾多的人時嚇了一大跳，問身邊的律師說：

「律師先生哪！他們都是證人嗎？」

首次演出

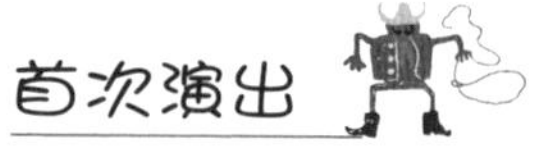

法蘭茲摩沙跟女演員維持了好幾年的同居關係，終於決定跟她結婚。

到市公所辦理結婚手續時，他只穿著普通的西服，他的朋友群起非難。

想不到法蘭茲摩沙回答說：「只有首次演出時，我才會穿燕尾服呀！」

笑話專家

《多利布納日報》的總編輯——弗拉伐傑，一直自認為是猶太笑話的超級專家。每當伯拉帝克利想說笑話時，他就會打斷對方的話說：

「那種笑話老早就聽過了！」

有一次，伯拉帝克利說：

「我要說的這一則笑話，保證你絕不曾聽說過。你好好的聽哦！三個猶太人走到黑漆漆的森林……」

「你又來啦！」弗拉伐傑叫了起來：「那根本就不是猶太笑話。第一、猶太人絕對不會走進黑漆漆的森林裡面。第二、猶太人絕對不會三個人成為一夥，一向都以兩人為單位。第三、他們大多是在火車上或者咖啡店裡面！」

自己的肖像

威爾第・拉第納不僅是大實業家，同時也擔任過外交部的官員。他在柏林的維多利亞街有一棟祖先留下來的宅第。

有一天，他在自己家裡召開宴會，指著偌大的一幅自己的肖像，對賓客們說：

「這尊肖像最惹人厭惡！偉大畫家筆下的我竟然是這種德

行。想不到它比真正的我更像我自己哩！」

很好的職業

拉帝納帶一名軍官到他表兄——也就是著名印象派畫家李巴曼那兒，並且把軍官介紹給表兄。

接著，軍官表示要瞧一瞧李巴曼的畫。

不料李巴曼卻很是驚訝的說：「咦？你也喜歡那些玩意兒？你不是有一份很好的職業了嗎？」

不用介紹

在某一次集會裡，李巴曼躲入一個沒有第二個人的房間裡面。不久以後，鋼琴家兼作曲家的尤琴達巴多帶著他的第四任妻子光臨。（在這之後，尤琴達巴多又結了三次婚。）

那家的主人好不容易才找到李巴曼，並且說：

「我說李巴曼呀！我把尤琴達巴多的妻子介紹給你如何？」

想不到李巴曼卻回答：「不必了！因為不久後就會再有新的尤太太冒出來呀！」

肖像

李巴曼為富有的猶太人畫一幅肖像。

這個富有的猶太人很「挑剔」，盡可能的在肖像上找瑕疵。

「你再挑剔的話，」李巴曼威脅富人說：「我就把肖像畫得跟你一模一樣！」

蒙羞

希特勒掌握了權力以後，他希望才華洋溢的印象派畫家——李巴曼不要再擔任普洛森造形美術院的院長。於是，希特勒就派遣一個官員去說服李巴曼，希望李巴曼能夠主動辭職。

官員去拜訪李巴曼，開始透露：「時代已經變了。」

李巴曼一直不吭氣。

官員又說：「新的時代需要新的人員。」

李巴曼仍然三緘其口。

官員又說：「美術院某種的變革是免不了的。」

李巴曼還是不動嘴巴。

官員覺得這種話實在不好說，開始變得結結巴巴，末了一句也說不出來啦！

兩個人就在一語不發之下，面對面坐著。

不久以後，李巴曼抬起了臉說：

「瞧！你已經蒙受到不少羞辱啦！」

鼻子

有一陣子，葛斯達夫·馬勒擔任柏林交響樂團的指揮，然

而，隨著納粹熱潮的提高，猶太人很明顯的受到了排斥，於是他辭掉了該職務，遷到維也納。

仰慕馬勒的人從柏林寫信給他說：

「請你回來吧！空氣已經產生了變化。」

馬勒為了回信。他說：

「或許空氣真的已經產生了變化，然而，我的鼻子並沒有改變呀！」

精神分裂症

佛洛伊德如此形容葛斯達夫・馬勒：

「那個男人罹患了精神分裂症！」

佛洛伊德的朋友問：

「你能夠以你的精神分析學治療他嗎？」

「可以是可以啦！」佛洛伊德說：「可是我擔心一旦我治癒了他，他可能就無法作曲啦！」

簽名

米契・愛爾曼演奏會結束後，一個少年到愛爾曼跟前請他簽名。簽好了一張，少年又要他簽。愛爾曼很高興的為他簽第二張。

誰知該少年又取出了第三張紙。愛爾曼稍顯不耐煩的問：

「兩張還不夠嗎？」

「嗯。」該少年說：「我的朋友說，三張愛爾曼的簽名能換一張裴茲的簽名。」

中世紀的天主教教會強制猶太人針對猶太宣教師與天主教的聖職者展開爭論，藉此想叫猶太人改換宗教。猶太人很害怕這種爭論。因為天主教預先訂了幾個條件，使猶太人無法獲勝。

馬蘭茲的主教叫居住於法蘭克福的猶太人舉行辯論，但是，每個猶太人都表示出畏縮的樣子。就在這個時候，摩利茲走到了主教的身邊。

主教握著拳頭，只把大拇指豎了起來。摩利茲從握著的手伸出了兩根手指。

主教出示他的手掌。摩利茲握起了拳頭。

主教拿起了裝滿豌豆的黃金高腳杯，把豌豆撒在地上。摩利茲拿起了那個黃金高腳杯，把地上的豌豆撿起來放在高腳杯裡面，再把杯子放入外套口袋裡。

主教很溫和的對摩利茲說話。待摩利茲回去以後，他才對周圍的人們說：

「猶太人很聰明的說法，一定是對的！當我對他說：『你們信一位神。』時，他卻說：『你們信仰父與子。』我對他說：『你們在這個世界上沒有保身之術。』時，他卻說：『只要團結，我們的力量就會變得很大！』我對他說：『主耶穌把你們撒在地面上！』然後，真的把豆子撒在地面上。想不到他卻說：『不過，主耶穌又把我們集合在一起，再把我們放在恩寵的外衣

裡面！』」

摩利茲少年回到家後，家裡的人問他：

「進行得如何呢？」

摩利茲如此的報告：

「那實在太簡單啦！那個人出一，我就出了二。那個人伸開手表示要打我一巴掌，我就伸出拳頭表示要打斷他的牙齒。到了第三次，那個人把杯子裡的豆子撒在地面上，我就把杯子拿下來，把撿好的豆子放了進去。你們瞧！那個高腳杯現在就在我這裡呢！」

安息日的祈禱

在猶太人被激烈迫害的時代裡，每次安息日的祈禱內容都被插入了一節——神呀！您就使非猶太人（那時為多神教徒）從這個世界消失殆盡吧！——傳統的猶太人都忘不了在祈禱時說出這句話。

第一次世界大戰以前的匈牙利就發生了這種事情——某一郡長在安息日的祈禱中發現了這句話。於是，他就叫宣教師以後不要再說出這種詛咒之語。

想不到宣教師悲戚的說：「這句祈禱文即使說出來也無所謂啦！我們這句話已經說了一千年以上，可是到今天為止，什麼效果也不曾產生。」

英雄

一九一四年，到東部前線作戰的奧地利司令官如此的訓示：

「各位弟兄，咱們就要對俄軍展開第一回合的攻擊。只要誰能奪取敵人的軍旗，我就賞給他一百個銀幣。」

經過了兩個小時以後，沙利布隆嘉高高地握著軍旗，來到司令官面前。終於在全隊士兵面前獲得了一百個銀幣，以及受到了一連串的讚美。

「我說沙利布隆嘉啊——據我所知，你並非如此勇敢的男子，你到底是以何種方式取得軍旗的呢？」

沙利布隆嘉說：「說穿了，其實一文不值，因為俄軍的旗手是猶太人。所以嘛……我就跟他打了個商量啦！」

大家都很好

一九一四年，猶太人士兵摩西·布萊多透過俄國的紅十字會給他父母寫信。他如此寫道——

「父母親大人膝下！我很幸運的變成俘虜，因為我投降了。弟弟薩姆進了野戰醫院，但是並沒有大礙。希望你們也跟他一樣沒有大礙。」

革新派

虔誠的猶太人隨時隨地都戴著帽子。後來，正統派與革新派之間展開了激烈的爭鬥。

匈牙利大貴族的家裡來了一個猶太人的雜工。看到貴族時，猶太人取下了頭上的帽子，可是頭上還有一頂小圓帽。

大貴族感到很好玩而問道：「那種頭巾似的小帽子，不是只有天主教的神父才戴的嗎？」

猶太工人：「我們也戴這種帽子。不管外出在家都戴在頭上，不戴帽子的話，不能到處亂跑。」

「不過，我看過很多沒有戴帽子的猶太人。」

「嗯，他們是革新派。」

「革新派？那又是什麼玩意兒呀？」

猶太工人很興奮的說：「男爵先生，所謂的革新派，乃是比基督教徒更叫人憎惡的傢伙！」

濁世

在一個平常的日子裡（安息日不能觸摸金錢），當早晨的祈禱完畢時，猶太教堂的門口站著一個乞丐，向從裡面走出來的人們伸手。

富翁克勞考瓦從裡面出來時，給了乞丐很多錢。

想不到當天下午克勞考瓦走過基督教堂前面時，發現剛才那

個乞丐在胸前畫十字，企圖混入門前的一群乞丐裡面。

克勞考瓦很不高興的質問那個乞丐說：

「今兒個早晨你不是在猶太教堂前面行乞嗎？你到底是不是猶太人呀！」

「我當然是猶太人。」乞丐討好似的說：「不過活在這個濁世裡，光靠一位神很難以生活下去啊！」

省事起見

這件事發生於帝俄時代。約雪爾．耶可夫因為政治方面的理由被捕。司令官認為那是必須以死來謝罪的行為，所以主張處絞刑。不過在集中營裡面根本就找不到適當的繩子。如果非要不可的話，必須到附近的城市去買，不過如此不僅耗費時間，最少也得耗費十盧布，還得從城市請來刑吏，同時提出種種的證明。

「為了一個猶太人，我們不值得大忙特忙。」司令官下了決斷：「不如給這個猶太人十盧布，再把他趕出去叫他自己去買繩子上吊吧！」

第一次聽到

烏克蘭的一個農夫站在法庭上面，因為他毆打了一個素不相識的猶太人。

「你為什麼打這個猶太人呢？」法官問。

「因為猶太人把基督釘在十字架上面。」

「不過，這件事情是發生在兩千年以前呀！」

「可是，我是在今天才知道的呀！」

以色列人跟猶太人

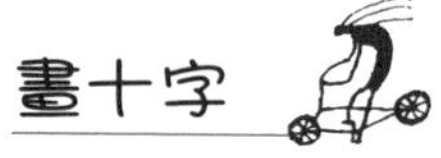

莊稼漢米契爾：「請你告訴我，考恩先生。以色列人跟猶太人有什麼不同呢？」

考恩：「那還不簡單？當別人來向我們借錢時，我們是以色列人。到了催促對方還錢時，我們就會變成猶太人。」

畫十字

茲林堡不幸的發生了車禍，好不容易才從汽車底下爬出來，迫不及待的上下左右摸了摸全身。

站在他身旁的神父很感動的說：

「我的好兄弟啊！看到你逢到這種情況還不忘記畫十字，我實在非常的感動！」

茲林堡：「誰畫十字啦？我只是檢查一下眼鏡、錢包、鋼筆以及下體，看它們是否無恙罷了。」

獅子

居住於利傑的范茵律與卡魯修坦一塊去看電影。那是一部描

寫凱撒大帝生涯的歷史片。在競技場裡，羅馬人把一群卡利亞俘虜放到獅子前面。

看到這種場面，范茵律開始不安了起來。

「天哪！真是殘酷的反猶太主義者！竟然用可憐的猶太人來餵獅子！」

卡魯修坦：「你鎮靜一下，那些人並非猶太人，而是卡利亞人。」

范茵律逐漸平靜下來。

但是隔沒多久，范茵律又開始不安了起來。

卡魯修坦：「喂……你又怎麼啦？」

范茵律：「你瞧！獅子並不吃卡利亞人！」

拒絕猶太人

美軍的駐紮地附近有一座風光甚好的小市鎮，S夫人準備在那兒召開舞會。不過，鎮上的男士都拒絕參加，使得很多女性沒有舞伴。

在這種情形之下，S夫人只好打電話到駐紮地，要求軍方提供一些舞伴。

她說：「我要召開一場舞會，因為缺少男舞伴，請派幾位軍官來參加，不過不歡迎猶太人。」

到了黃昏，幾個穿著軍服的魁偉黑人出現於門口，他們說是奉命來參加舞會。

「你們一定弄錯啦！」S夫人慌張的說。

「不可能弄錯啦！」一個黑人軍官說：「羅森堡上校是絕對

不會弄錯的。」

（譯按・猶太人有很多人叫「羅森堡」。）

耶穌的死因

從加拿大開到舊金山的火車臥鋪裡，兩個猶太人指使車廂裡的侍者做這又搞那的，但是始終不給任何小費。

這位侍者便苛薄地對同伴說：

「我認為猶太人殺了耶穌的說法是正確的。」

後來，那兩個猶太人下車時給僕役十美元。

侍者跑到夥伴那兒說：

「我的想法改變啦！猶太人並沒有殺了耶穌。他們只是叫耶穌感到焦躁得要命罷了！」

到天堂

魯賓・倫畢嘉因為弄錯而進入基督教的集會。

他默默的在一旁看著。末了，說教者拉高嗓門說：

「想到天堂的人，請站起來！」

結果呢？除了魯賓以外，每一個人都站了起來。

魯賓一副困惑的表情問：

「是現在就上天堂嗎？那～我～可不要！」

叛逆婆子

猶太人輕蔑非猶太人的年輕女人，一向都管她們叫「叛逆婆子」。

以下是一則盛傳於好萊塢的笑話。

著名的電影演員瑪麗蓮夢露以及伊莉莎白泰勒，前後都嫁給猶太人，因此改信猶太教。這兩個超級女星在拍戲的空檔扯談時，正好碰到了性感小貓碧姬芭杜。

夢露對伊莉莎白耳語：

「伊莉莎白妹子，叛逆婆子來啦！咱倆改用德語交談吧！」

鐘聲

楊凱跟一個陌生男子站在寺院前面時，突然響起了一陣曼妙的鐘聲。

陌生男子若有所悟的說：「真是清脆而曼妙的鐘聲，使人塵念頓消。」

楊凱：「哦？你說什麼來著？」

陌生的男子：「我說鐘聲很曼妙，發人深思啊！」

楊凱：「什麼呀！」

陌生的男子：「我說，那一陣鐘聲感動了我！」

楊凱：「噢……實在很對不起……因為那陣鐘聲太吵人啦！所以嘛……我聽不到你在說什麼……」

排斥猶太人的聚會

一九三三年一月三十日，柏林宣傳部打電報給畢利茲（居住於克倫堡約克那達河畔），下令他參加排斥猶太人的聚會。

畢利茲打給柏林的回電是：

「請立刻把猶太人送過來吧！否則的話，排斥猶太人的聚會是不可能成立的！」

埃及的護照

一九三三年的德國。

李夫修茲：「我說考恩啊，我打心眼兒裡憎恨摩西。」

「為什麼呢？」

「如果不是摩西把我們帶出埃及的話，我們現在就會持有埃及護照啦！」

有關政治的話題

一九三三年的德國，四個猶太人坐在咖啡店裡面。

「唉……」一個人長嘆了一口氣。

「唔……」另外一個人發出悲嘆的聲音。

「我說……」第三個男人想要說話。

如此一來，第四個男人很緊張的說：

「別談有關政治方面的東西啦！否則的話，我就要回去了！」

我是猶太人

一九三三年的德國雖然已經開始迫害猶太人，不過猶太人仍能夠自由行動。

納粹黨員拿著捐錢箱，到客人很多的旅館裡面募捐，不過，成績並不好。他把捐錢箱推到一個客人的眼前，然而，那個客人拒絕捐錢。

「我是猶太人！」他很清楚的表露出自己的身分。

納粹黨員百思莫解：

「難道迫害猶太人的程度還不夠——他們竟然大模大樣的說『我是猶太人』！」

慶祝的日子

一個猶太人潛入希特勒的演說會場。隔了一會兒，他突然很愉快的笑出聲來。

希特勒的演說完畢時，納粹的突擊隊員抓住了他，把他帶到總統的面前。

希特勒憤怒的問他：「你笑個什麼勁兒啊！」

猶太人回答：「我在想一件非常有趣的事兒。以前，埃及人把咱們當成奴隸使喚，而且，埃及的法老王還想把咱們全部處死

呢！為紀念當時的蒙難，我們有慶祝所謂的大難不死的節日。不久後，波斯有個叫哈曼的大臣。此廝也想把咱們全部殺掉，結果未能得逞，於是咱們為此訂立了所謂的『狂歡節』。希特勒先生，你是我們不共戴天的敵人，所以嘛……我正在想，你死了以後，我們又能夠訂立個什麼節日呀！」

不寧靜的世界

納粹統治的德國，從柏林飛往漢堡的班機掉了下來，全機只有弗萊凱斯生還。他從班機殘骸裡爬了出來。

「這真是太危險啦！」他發著抖地說道：「難道空中也跟地面一樣開始不寧靜起來了嗎？」

附筆

下面這一封信乃是在納粹德國時代寄到美國的信——

親愛的雪兒：

我們每天都過得很快樂。美國報紙所刊載的虐待猶太人的新聞，全部都是胡說八道。

附筆：我們方才從楊凱夫的葬禮回來。他是反對希特勒的猶太人之一。

太露骨

希特勒喬裝成哈倫拉希多，悄悄的進入柏林的一家電影院裡，單獨坐在一個角落。新聞片裡出現了希特勒演說的場面，觀眾都站立起來，舉起右手向銀幕的希特勒敬禮，只有角落喬裝的希特勒不曾站起來。

旁邊的一個猶太人拍了拍希特勒的肩膀說：

「咱們也跟你的心情一樣，不過，咱們並不會像你那麼露骨的表現出來。」

神不知鬼不覺

納粹的四個首腦人物悄悄地潛入咖啡屋裡面，並沒有被任何人發覺。

不被發覺的理由是——

戈林（空軍最高司令官）穿著樸實的衣服，戈倍爾（宣傳部長）始終不曾開口，謝哈多（財政部長）付了錢，而希特勒則帶著猶太女人的緣故。

如果失敗的話

德軍還沒有反攻波蘭。因此，沒人敢說百分之百有把握或一

定能夠成功。

戈林說：「如果失敗的話，我就搭乘私人飛機逃到義大利。」

戈倍爾說：「我要到華沙，潛入波蘭的猶太人裡面。」

希特勒說：「我要自稱為外國人。」

如果相反的話

希特勒政權的財政部長謝哈多，曾經到倫敦向英國借款。他說：

「關於金錢方面，你們不用擔心，我們把充足的黃金財物藏在地下，地上又有無與倫比的希特勒。」

大銀行家羅傑斯男爵對隔座的銀行家悄悄地說：

「如果是相反的話，我就可以貸款給他。」

褐色之海

一九三八年，那些在德國的猶太人裡面，有些人還不理解到狀況的險惡。一個外國藥品代理商的猶太人，來到了德國醫生那裡。

「你一點也不擔心納粹黨嗎？」醫生問。

「為什麼要擔心呢？」該猶太人回答：「我們連紅海都渡過啦！褐色之海又有什麼好擔心的呢？」

（譯按・納粹的旗幟與制服都是褐色的。）

地獄的風景

一個猶太人來到了地獄。他為了看清居住環境，抬頭瞧了瞧四周。結果，他發現房子的一角有一張桌子，希特勒正在桌子上振筆疾書。

猶太人睜大眼睛，很驚訝的問：

「難道，這裡真的是地獄嗎？」

「沒錯啊！」另外一個猶太人說：「我們正叫希特勒把《我的奮鬥》翻譯成希伯來文呀！」

（譯按·《我的奮鬥》是希特勒轟動一時的著作。）

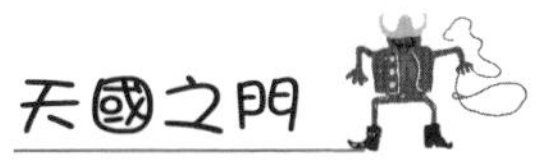

天國之門

利威老人死了，在往天堂的途中，看到了前往地獄的希特勒、戈林及戈倍爾。三個人對看守天堂之門的聖保羅垂首作揖，利威老人遲疑了一陣子，接著取下他的肩袋叫那三個人進入袋子裡面。

聖保羅認識貧窮售貨者利威老人，因此放了他進去。不過等到利威走動時，聖保羅回頭看了利威揹的袋子。

利威輕描淡寫的說：「你說這個嗎？我不便告訴你，反正都不是什麼好東西。」

希特勒回鄉

希特勒在地獄服滿了刑期以後，受到了允許上天堂。在上天堂以前，希特勒表示想回到人間看看，因此要求聖保羅給他六星期的假期。

慈悲為懷的聖保羅允許了希特勒的要求。想不到，在三天之後希特勒就回到了天堂。

「咦？」聖保羅問：「我以為人世間的大眾都張開雙臂歡迎你呢！」

「甭提啦！」希特勒很悲哀的說：「我一回到了人間，立刻迷失了！猶太人在以色列的戰線上，有如惡魔般的面對從四面八方而來的敵人在戰鬥。德國人嘛！只會拼命的做生意……」

第十五篇 猶太人的政治說法

■ 凡人縱使處於幸福巔峰，然而翻落苦難深淵只須一瞬之間。相對地，不幸之人為了得到幸福，或許需要費時終生。其次由於人性貪婪，不易滿足，所以可能一輩子也無法對於周遭環境感覺滿足。

政治擔當者

一九三〇年的莫斯科，住宅不足的問題很嚴重。於是，住宅委員會的委員分頭挨家挨戶的拜訪，以便找出住宅比較寬敞的人家。

「請問范莉女士，妳家總共有三間房對不對？那麼，家人有多少呢？什麼？只有兩夫婦跟一個小孩？那麼，我們換給你們兩房的住宅好了。」

范莉吼著說：「你們竟敢惹老娘！我的老公是解放纖維工廠協會的會長哩！等會兒我就跟他說去！」

委員們嚇了一大跳說：「啊！真對不起！范莉同志打擾啦！」

委員們一樓接一樓的爬上公寓——結果竟然是大同小異。

最後，他們來到了閣樓。

按了電鈴以後，考恩老人出來開門。

「你這地方只有一個半房間嗎？什麼？只居住著你一個人？如此未免太浪費啦！限你在一個星期內搬出去。我們會撥給你一個房間。」

考恩大發雷霆的說：「你在嚼什麼舌根呀！你們難道不認識我嗎？我乃是政治擔當者也！快滾吧！」

「啊！非常對不起！考恩同志！」委員們低頭賠不是，走出了公寓。

一夥人失魂的在大街上走著。突然有個委員停止了腳步，思考了一陣子說：

「那個叫考恩的老東西說他是政治擔當者，真的有那麼一回

事嗎？咱們且再去問個一清二楚。」

委員們又爬到了閣樓。

考恩：「你們又來幹什麼？你們想知道我何以自稱為政治擔當者嗎？那麼，我就告訴你們吧！舉一個例子來說，如果現在的政府一旦被打倒的話，失敗的責任將由誰來負責呢？不用說，那一個人頭，正是猶太老人考恩！也就是我！」

合理的說法

在蘇俄，革命後十年，摩依修被傳喚到市公所。

「你今年多大歲數啦？」市公所的職員問。

「我今年四十歲。」摩依修回答。

「可是，看起來好像不只四十歲。」職員以一種十分好奇的表情問：「你到底哪一年生的呀？」

「一八七七年。」

職員更感到莫名其妙：

「如此說來，你應該是五十歲，而並非四十歲。」

摩依修無可奈何的搖搖手說：

「我想你也知道，最近這十年，唉！根本就不能算成是我生涯的一部分呀。」

神的幫助

蘇魯凱很想成為黨員，他的申請已經被受理，但必須通過嚴

格的口試才行。

「你一定能成功的！」他的朋友都說：「我們都想趕快知道結果，所以嘛……我們要在大門口等你。」

蘇魯凱一顆心七上八下地走到考試官面前。

「對於神，你有什麼感想呢？」一個考試官板著面孔問。

「那是有產階級為了壓抑民眾而創造出來的玩意兒。」

「好！」考試官說：「那麼，你認為教會跟猶太集會的所作所為如何呢？」

「無非是黑暗與反動的巢窟罷了。」蘇魯凱以嚴厲的口吻說：「必須全部沒收，再把它們改成平民住宅……」

接著，考官又問了好幾個類似的問題，考試就算完畢了。

蘇魯凱走了出來，朋友們把他包圍起來說：

「結果如何呢？」

蘇魯凱滿面光彩的說：

「謝謝神的幫忙，我合格了！」

勒索

一九七〇年的波蘭。在這個時期裡，共產主義國家波蘭掀起了反猶太人運動。

猶太人都從工作場地被趕走，被迫直接或者是間接地移民到國外。

兩個猶太人在華沙街頭不期而遇。

「你近況如何？」其中一個人問。

「馬馬虎虎啦！」

「還馬馬虎虎嗎？你不是被免職了嗎？」

「是啊！」

「那麼，你如何過日子呢？」

「靠欺騙呀！」

「什麼？靠欺騙？你到底欺騙誰呀？」

「還用問嗎？自然是欺騙一直與我們作對的波蘭人呀！」

流浪者

在天堂的大門前，聖保羅在詢問一個人：

「你在哪兒出生呀？」

「奧匈帝國。」

「你又在哪兒生活呢？」

「匈牙利。」

「你在哪兒結婚？」

「捷克斯拉夫。」

「你又在何地死亡呢？」

「俄國。」

「我不能讓一個流浪者進入天堂。」

「聖保羅大爺，我可以對天發誓，我一生都不曾離開過蒙卡吉呀！」

（譯按・蒙卡吉現在為蘇俄領土。到一九二〇年為止，屬於匈牙利領土，到了一九二八年為止，屬於捷克斯拉夫。）

馬克斯大夫

在實施社會主義的捷克布拉格市街頭。

沙可夫斯基：「赫茲堡你聽我說，你已經入黨了，我也很想入黨。但是為了入黨，必須接受黨委員會的考試。為了到時我不會難以下台，請你教教我吧！」

「好吧！那麼現在就開始。你知道誰發明了社會主義嗎？」

「我不知道啊！」

「瞧你！連起碼的常識都不知道。他就是馬克斯大夫呀！」

「大夫嗎？既然是大夫，為何不用狗先做實驗呢？」

英雄

在第一次世界大戰時期，捷克軍曾經在多克拉英勇的戰鬥。

考恩跟羅畢傑交談得正起勁，以致紅燈亮起時仍然一無所知，繼續穿越布哈拉的街道。就在這時，一個交通警察跑過來阻止他們說：

「喂！你們不曉得紅燈亮起時就不能再穿越街道嗎？我要罰你們錢！」

羅畢傑：「喂！同志！那一句話也適用於多克拉的英雄嗎？」

交通警察感到很尷尬，於是有點討好的說：「那就算啦！其實這個規定也可以保護你們呀！下次請多多注意吧！」

走到了對面時，考恩莫名其妙的問羅畢傑：

「你到底在胡說什麼呀？我倆何時又變成了多克拉英雄呢？」

「你別那麼迂腐好不好？的確，我倆不是什麼多克拉的英雄——可是，讓那個警察聽了又不傷什麼大雅，你說對不對？」

兩個理由

一九六〇年，考恩到布拉格市公所申請國外移民。

「為什麼要移民到國外呢？」辦事員問。

「我有兩個理由。」考恩說。

「到底是什麼理由呀！你不妨說說看。」

「第一個理由是，有人說最近會發生政變。」

「哪兒話。」辦事員說：「那種事情不會輕易發生的。」

「對了！對了！」考恩說：「那就是第二個理由！」

並非老糊塗

一九六〇年，考恩又在相同的市公所申請移民到國外。辦事員又問他理由。

考恩說：「在美國，我有一位很富有的伯母，她又瞎又聾，答應死了以後讓我繼承數百萬元的財產。所以嘛……我現在就想去照顧她。」

辦事員卻說：「你不妨寫信叫你伯母回來這裡，如此的話，你不必到美國就可以照顧她了。同時叫她順便把財產帶過來。」

考恩：「我說過伯母又瞎又聾，但是，我並沒說她很老邁、

很迷糊呀！」

友人與兄弟

一九六七年，蘇聯軍隊進駐布拉格。貝魯魯問修美爾：「我說修美爾呀！你認為蘇聯軍隊到底是咱們的友人呢？還是咱們的兄弟呢？」

修美爾：「他們自然是咱們的兄弟呀！如果是友人的話，咱們就可以選擇啦！」

國家重建運動者

國家重建運動主義，在馬克斯主義的國家受到嚴厲的批評。

以「布拉格之春」為契機，俄軍進駐捷克斯拉夫時，布拉格市民重新創造了「國家重建運動主義」的定義。

在布拉格，所謂的「國家重建運動者」是指什麼呢？

那是指——向蘇俄戰車吐口水的捷克人。

安全的國家

一九六七年，蘇聯「友軍」駐進捷克斯拉夫時，布拉格流行如下的一則謎語——

「世界最安全的國家在哪裡？」

「……」

「就是以色列呀！因為它的四周都被敵人包圍。」

偉大的將軍

一九六九年，在蘇聯的一個學校。

老師：「你們知道誰是偉大的將軍嗎？」

魯迪：「我知道！他就是庫茲索夫。」

老師：「對於庫茲索夫，你知道多少呢？」

魯迪：「庫茲索夫先把拿破崙引誘到莫斯科去，等到寒冷的冬天時，再把拿破崙打敗。」

老師：「好吧！除了庫茲索夫，你們還知道哪一位將軍？」

卡魯利：「還有史達林。」

老師：「關於史達林，你知道一些什麼呢？」

卡魯利：「史達林把希特勒引誘到優爾加河，待到寒冬時再打敗希特勒。」

老師：「好的。你們能夠再舉出一位偉大的將軍嗎？」

摩利茲：「還有納雪爾將軍。」

老師：「你知道納雪爾將軍的英勇事蹟嗎？」

摩利茲：「納雪爾將軍把以色列軍引誘到蘇伊士運河，現正等著冬天的來臨。」

老師：「……」

牽制作用

在英國委任統治時代，有一段時期之內，對巴勒斯坦的移民嚴格地控制，有時甚至完全拒絕入境。國家重建運動者分成很多黨派，彼此間存著一種敵對意識。

耶路撒冷的一個英國警官說：「今天，我逮捕了二十名違法入境的人。米斯拉熙派四名，波利茲恩派三名，修正派國家重建運動者五名，共產黨兩名。」

上司說：「很好。他們在哪兒啊？」

「他們在前面等著呢！」

「你笨透啦！他們一定會逃掉的！」

「關於這一點，您用不著擔心。他們一直不和睦，因此彼此互相監視，一個也逃不了的！」

希伯來語

從德國移民到以色列的猶太人到海邊游泳。由於一下子漂到了深處，站不穩，他慌張的用希伯來語喊著：

「救命！救命！」

救生員把他拉起來，笑著對他說：

「你好笨！不如用學習希伯來語的時間學會游泳，這樣比較合算呀！」

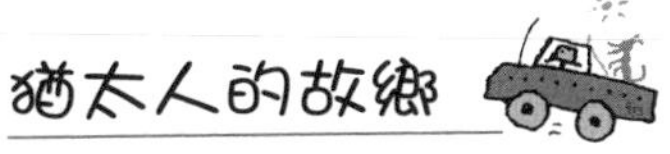

猶太人的故鄉

在以色列特拉維夫的郵局。

郵務士：「這封信的重量超過二十公克，所以嘛……請你多貼一張郵票。」

寄信的猶太女人憤怒的表示：「你呀！如果這封信比二十公克還輕的話，你諒必不會把多餘的錢還給我吧？如此的缺乏人情味，怎能說此地是猶太人的故鄉呢？」

遵法精神

以色列的居住問題一向很嚴重。幾個德裔猶太人在報廢的火車廂裡找到了臨時居處。

有一夜，幾個德裔猶太人穿著睡衣，在寒風中顫抖不已地來回推著火車。

一個本地猶太人很納悶的看了一陣子，然後問：

「你們到底在玩什麼花樣呀？」

「因為有人要上廁所。」他們耐心的說明：「車廂裡寫著：停車中禁止使用廁所。所以嘛……我們才推動車廂呀！」

猶太人

飛到以色列的飛機，中途停在羅馬。一名個兒高大，金髮碧眼的挪威人進入飛機裡面，坐在紐約猶太女人的隔壁。她不停的用側眼看他，然後問他：

「恕我冒昧，您是否是猶太人？」

「不是的。」

「那麼，您為何要到以色列呢？您真的不是猶太人嗎？」

「我已經說過，我不是猶太人。」

「我實在不明白，如果您不是猶太人，您搭乘這班飛機要到以色列幹啥？您一定是……」

為了擺脫無謂的糾纏，挪威人只好粗著嗓子說：

「好吧！我就是猶太人！」

紐約的女猶太人聽了之後，凝視著他的面孔一會兒又說：

「這樣看來，您實在又不像是個猶太人……」

夏娃的蘋果

耶路撒冷的梅亞修利姆地區的居民，大多數篤信宗教。

年輕的修行者在梅亞修利姆街道看到一個穿著熱褲及無袖襯衫的年輕女子。旁觀者都以為他一定會低垂著頭走過去，但是他卻走到那女子身旁，拿出一個蘋果給她。

「這到底是怎麼一回事啊？」年輕女子驚訝的問。

「夏娃就是……」修行者說：「在樂園裡吃了蘋果，才眼睛大開，察覺到自己沒有穿衣服。」

血液銀行

第二次世界大戰之後不久的以色列，那時該國的經濟正瀕臨危機。

摩依修對依絲拉說：

「妳知道嗎？根據最新的消息顯示，政府就要關閉所有的銀行啦！除了血液銀行外。」

稅金

猶太人逢到生日時都會說：「祝你活到一百二十歲。」

只有在以色列，逢到生日都會說：「祝你活到兩百四十歲。」

為什麼呢？因為有如稅金一般，政府將會抽掉一半。

貴重的一個小時

「修洛美，聽說稅務人員昨兒個到你家裡，他帶走了什麼東西沒有？」

「他只帶走了我貴重的一個小時罷了。其餘的東西都登記在內人名下，他也拿我沒辦法呀！」

狂歡節的禮物

以色列建國以後不久的貧乏時代，逢到狂歡節那一天，總理賓克利恩跟財政部長、物資局長坐著直升機，往下瞧著特拉維夫的街頭風景。

賓克利恩說：「我實在不理解，稅金那麼高，物資的配給又很貧乏，為何民眾還能夠那麼高興？」

財政部長：「如果把裝滿錢幣的袋子扔下去，他們一定會很高興。」

物資局長說：「如果把砂糖袋子扔下去，他們將更為高興。」

賓克利恩說：「如果把你倆扔下去的話，他們將高興得手舞足蹈起來。」

出埃及記

賓克利恩出兵到西奈半島的期間，召請兩位年高德劭的宣教師到營內。

軍中記者興趣十足的問：「總理跟您倆說了些什麼呢？」

宣教師回答：「他問咱倆，摩西率領以色列人逃出埃及時，何以能夠忍受西奈半島的氣候達四十年之久呢？」

工作服

賓克利恩必須至勞動公會演講。不過在這之前，他因為要接待外國的賓客，所以只好穿著燕尾服到勞動工會演講。他開始演講的第一句話是：

「各位，請原諒我穿著工作服來到此地。」

凱迪拉克

以色列總理賓克利恩在訪問美國之前，彼邦曾經傳出一段醜聞，說是上院議員收了賄賂物品。

賓克利恩回到以色列以後，街頭巷尾蜚短流長。

在訪美期間，賓克利恩夫婦在白宮受到了盛大的歡迎。臨別之際，美方表示要送他一輛凱迪拉克。這時，賓克利恩想到了美國人對賄賂的深惡痛絕，於是說：

「接受贈物有違我一向的作法。」

「好吧！」想贈送的對方說：「那麼請付車子的代價！」

「多少錢呀？」賓克利恩問。

「一百美元。」

「老公，那你就買兩輛吧！」老婆寶拉夫人在他老公的耳邊囁嚅。

聽越多越高興

以色列總理賓克利恩卸任時，反對黨議員打電話到賓克利恩的家裡。

「請問，總理兼國防部長賓克利恩先生在家嗎？」

電話由夫人寶拉接聽。她回答說：「我丈夫再也不是什麼總理，以及國防部長啦！」說完，寶拉掛斷了電話。

這個人前後打來三次電話。到第三次時，寶拉動怒的說：

「我已經說過兩次，我丈夫再也不當官啦！你怎麼囉嗦個沒完呢？」

「反正啊！關於這件事，聽越多我就越感到高興。」

撞牆

美國總統的助理約瑟夫・西斯可為了調停勞工方面的問題來到了以色列。

在以色列的期間內，他很勤快的到處看看，當他來到了「哭牆」前面時，他向同行的以色列人說：

「為何以色列人站在那兒，要把身體前後搖擺呢？」

「那就是猶太人的祈禱方式呀！」以色列人說明。

西斯可就站立在牆前，同樣地搖動著身體，並以很大的聲音祈禱說：

「神哪！祢把以色列人佔領的埃及、約旦，以及敘利亞的領

土都還給他們吧！」

如此一來，同行的以色列人也朝牆壁祈禱說：

「世界的主啊！您就叫這個外國人的祈禱撞牆吧！」

正當防衛

自從一九六七年阿拉伯掀起六日戰爭以後，阿拉伯各國、東歐各國，甚至全世界的國家都認為以色列是侵略者。

有一次，英國人、法國人以及以色列人被食人族抓到，不久以後將煮食。

酋長對三個人說，可以成全他們最後的願望，叫他們儘量的提出來。英國人要求一瓶威士忌酒，法國人要求一個年輕的女人，以色列人則要求酋長踢他的屁股。

酋長成全了以色列人，以色列人滾到二十公尺外，突然從身上拔起槍來射殺酋長，然後解救了英國人以及法國人。

英國人和法國人道謝以後，不解的問以色列人：

「你為什麼不直接斃了他呀？」

「因為我不喜歡老被當成是先出手的人。」

以色列打贏了六日戰爭後，蘇俄總理柯錫金以原子彈威脅美國詹森總統。

詹森總統說：「你別忘了以色列和我們是站在同一邊的！」

奇蹟

六日戰爭打完了，宣布休戰。隔著約旦河，以色列兵跟約旦兵和平的相望，他們始終沒有進入戰壕。

有一天，在以色列這一邊，修姆爾站了起來，走到了河岸旁，閉起眼睛，把一雙手伸開祈禱——接著，踏著水走到了約旦河彼岸，然後再轉身回到以色列這邊。約旦兵被嚇壞啦！屏住呼吸看著那一幕，沒有一個人敢射擊。

翌日，修姆爾又重複相同的動作。在約旦兵的驚訝之下，他日復一日的重複這種動作。到後來，約旦兵再也忍受不了了！

「最後的奇蹟發生是在耶穌基督身上。猶太人哪！根本就不承認耶穌。然而，咱們一直認為耶穌是預言者。既然猶太人做得出來，咱們絕對沒有做不來的道理，否則的話，不被人看扁了才怪！」

於是，阿里閉起了一雙眼睛，伸開兩手，一步一步地走入約旦河——結果呢？吃了好多水，差一點就溺死啦！

「我想，約旦兵阿里的作法一定錯啦！」

有幾個人再接再厲，結果都是差一點就死翹翹……

以色列士兵幸災樂禍的在觀看。

修姆爾說：「看情形，俺還是把哪兒有石頭告訴對面的約旦小子吧……」

無聊

在六日戰爭以後，以色列戴陽將軍與拉賓感到無聊得發慌。

於是，戴陽提議再度發動戰爭。

拉賓嚇了一跳，只好哄著他說：「好吧……可是現在是大白天的，等到夜晚再說吧……」

車輪

六日戰爭使埃及軍隊崩潰，倉皇逃走。就在戰爭後，一個德國人開著一部小型汽車在車道上面疾馳。梅雪帝斯一心想超越小型汽車，但是始終辦不到。好不容易兩部汽車都在加油站停了下來。兩個駕駛開始交談。

梅雪帝斯：「你那部車子那麼小，竟然有那麼快的速度，實在叫人難以相信。」

開小型車的德國人：「那很簡單呀！這部車子的前輪是埃及製品，後輪卻是以色列製造的呀！」

交換將軍

六日戰爭後，尼克森總統與梅爾總理碰面。在交談時，尼克森小心翼翼的提出，是否能夠用兩名美國的將軍交換兩名以色列

將軍？

「沒有不行的道理。」梅爾總理說：「但不知您想要哪兩位將軍呢？」

「我考慮的是……」尼克森回答：「戴陽與拉賓兩位將軍。」

「好的。」梅爾總理說：「那麼我要華盛頓跟林肯。」

黑色的胸罩

以色列的戴陽將軍在一次戰鬥裡喪失了一隻眼睛。自此之後，他就一直戴著黑色的眼罩。

尼克森總統正在觀賞脫衣舞。到了最後，跳舞的女人把衣服都脫光，只剩下一個黑色的胸罩。後來，舞孃脫下它，把它斜戴在頭上。

尼克森拍了一下自己的腦袋說：「對了！我差點忘了，要寫信給戴陽！」

到月球旅行

美蘇兩國的太空飛行成功以後，德國聯合法國與以色列擬訂了月球旅行計畫。火箭與太空艙都製造好了，接下來就是僱用太空飛行員。

月球旅行計畫擬定者問德國的應徵人員，在何種條件之下方才肯飛行？

「給我三千美元，我就肯飛行。」德國男子說：「一千美元

歸我自己，一千美元給我妻子，餘下來的一千美元，充當購買住宅的基金。」

接下來又問法國的應徵者。他說：

「給我四千美元。一千美元歸我自己，一千美元給我老婆，一千美元歸還購屋的貸款，餘下來的一千美元給我的情婦。」

最後，以色列的應徵者說：

「五千美元我才肯幹。一千美元給你，一千美元歸我，其餘的三千美元僱德國人開太空船！」

依賴神

天堂的神聽到人世很不平靜，為了探查虛實，神派遣天使到人間走一趟。天使回到天堂後報告：

「蘇聯在製造洲際飛彈，美國也在製造迎擊用的飛彈。埃及人在挖避難壕，在窗戶旁堆積沙袋。不過，以色列人都坐在咖啡屋裡面喝白葡萄酒，大規模慶祝節日，議論著一些無聊的問題。猶太人天天都在看電視，彷彿沒有戰爭，甚至相信永遠不會發生戰爭似的！」

聽了這句話，主耶穌說：

「乖乖……他們又要依賴我啦！」

懺悔的好處

兩個猶太人兄弟來到美國之後改信了天主教，有一天，他們

同時來到教堂向神父懺悔。

吉達夫先說他本身犯了第六戒（姦淫罪）。神父問他對方是誰，可是吉達夫沒回答。

「是不是早餐店的瑪姬？」

「不！」

「還是咖啡店的金髮女郎露西？」

「也不是！」

「那麼——是不是郵局局長的女兒佩芙？」

「也不是。」

因為吉達夫不肯說，所以神父也拿他沒辦法。

吉達夫回來之後，弟弟問他：

「你的罪是不是已經一筆勾消？」

「不，可是神父卻告訴我三個可以下手的對象了。」

後記

「笑」產生自心靈的餘裕，只要心靈方面有這種餘裕，不管碰到任何苦難都不會感到挫折。「笑」能夠予人勇氣，而勇氣能夠產生笑。有一句俗語說：「哭與笑都會流出眼淚。不過因為笑而流出眼淚時，眼睛絕對不至於變紅。」笑能夠克服悲傷，笑能夠給人一種優越感，「笑」也是人類尊嚴的守護者。

如果說猶太人是魚的話，那麼笑話就是水了。對猶太人來說，笑話是一種使人際關係圓滿的潤滑劑。世上不可能有不必加油的機械，同樣的，一則笑話也能夠沖淡悽慘的生活，亦能夠守住自己的尊嚴。

人類社會為了維持複雜的關係，每一個人都受到眾多的法則所束縛。為了維持社會的運作順利，不得不把每一個人的行動列入管理。笑話也就是管理社會中的一種精神解脫。換言之，笑話也就是對高度管理社會的一種破壞活動，也是對所謂管理化的「快哉式復仇」。不過，笑話不同於暴力，乃是一種和平的破壞行動。近代的科學技術對人們的管理進一步的強化，以致笑話的任務也越形重要。因為「笑」也者，乃是一種抵抗，亦即人類的「獨立宣言」。

為了維持身心的健康，每天最好多說說笑話，至少大笑一次。我認為尋回人間的樂土，除了潔淨的空氣、清淨的水，以及漫山遍野的綠色大地外，還需要上乘的好笑話。

同時，看了這些笑話以後，不僅有助於理解猶太人，更能夠磨鍊你的頭腦，使你變成又幽默，腦筋又靈光的——現代人。

國家圖書館出版品預行編目資料

猶太人幽默大智慧／林郁主編 -- 初版-- 新北市：
新潮社文化事業有限公司，2023. 03
面　冊；　公分
ISBN 978-986-316-864-5（平裝）
1.CST：人生哲學　2.CST：猶太民族

191.9　　111021591

猶太人幽默大智慧

主　　編　林郁
企　　劃　天蠍座文創製作
出　　版　新潮社文化事業有限公司
出 版 人　翁天培
電話 02-8666-5711
傳真 02-8666-5833
E-mail：service@xcsbook.com.tw

印前作業　東豪印刷事業有限公司
印刷作業　福霖印刷有限公司

總 經 銷　創智文化有限公司
新北市土城區忠承路 89 號 6F（永寧科技園區）
電話 02-2268-3489
傳真 02-2269-6560

初　　版　2023 年 10 月